职业教育汽车类专业"互联网+"创新教材

混合动力汽车构造与维修

第 2 版

主　编　陈社会
副主编　孙　旭　陈立新
参　编　李志军　陈锡良　朱　敏
主　审　张启森

机械工业出版社

本书是根据《国家职业教育改革实施方案》有关职业教育教材建设的要求、教育部《高等职业学校新能源汽车检测与维修技术专业实训教学条件建设标准》以及《关于在院校实施"学历证书+若干职业技能等级证书"制度试点方案》，同时参考《汽车运用与维修（含智能新能源汽车）职业技能领域职业技能等级标准》编写的。

本书以立德树人为根本任务、以能力为本位、以职业实践为主线，从职业岗位工作过程的需要出发，组织教材内容。本书主要内容包括混合动力汽车构造与工作原理分析、混合动力汽车电子器件和功率变换器分析、普锐斯混合动力系统构造与维修、比亚迪秦插电式混合动力系统构造与维修。

本书在相关知识或图片附近以二维码的形式将视频、动画等多媒体资源嵌入教材，方便读者理解相关知识，以便更深入地学习。

本书采用"校企合作"模式编写，双色印刷，将文中重点、难点知识变色处理，使教学目标更加清晰。

本书可作为职业院校汽车类专业教材，也可作为汽车维修行业岗位培训教材。

为方便教学，本书配有电子课件等资源，凡选用本书作为授课教材的教师均可以教师身份登录 www.cmpedu.com 免费下载，或来电咨询：010-88379201。

图书在版编目（CIP）数据

混合动力汽车构造与维修/陈社会主编. —2版. —北京：机械工业出版社，2021.5（2025.6重印）
职业教育汽车类专业"互联网+"创新教材
ISBN 978-7-111-67900-4

Ⅰ.①混… Ⅱ.①陈… Ⅲ.①混合动力汽车-构造-高等职业教育-教材 ②混合动力汽车-车辆修理-高等职业教育-教材 Ⅳ.①U469.7

中国版本图书馆 CIP 数据核字（2021）第 057943 号

机械工业出版社（北京市百万庄大街22号　邮政编码100037）
策划编辑：师　哲　　责任编辑：师　哲
责任校对：王　延　　封面设计：张　静
责任印制：任维东
三河市航远印刷有限公司印刷
2025年6月第2版第14次印刷
184mm×260mm·12.5印张·304千字
标准书号：ISBN 978-7-111-67900-4
定价：39.80元

电话服务　　　　　　　　　网络服务
客服电话：010-88361066　　机　工　官　网：www.cmpbook.com
　　　　　010-88379833　　机　工　官　博：weibo.com/cmp1952
　　　　　010-68326294　　金　书　网：www.golden-book.com
封底无防伪标均为盗版　　　机工教育服务网：www.cmpedu.com

PREFACE 前言

本书以能力为本位、以职业实践为主线，组织教材内容。本书工作任务基于主要岗位群项目和职业技能等级证书项目，着重描述知识的储备，设备、工具、量具和辅助设备的选用，操作步骤，质量保证及工作说明。本书重点培养学生正确、安全并规范拆卸、检查、更换和安装混合动力汽车零部件以及分析混合动力汽车电路和常见故障的职业关键能力，编写过程中力求体现以下特色。

（1）落实立德树人根本任务　教学过程中兼用国内和国外典型主流车型，既培养了学生的国际化视野，也展示了我国的现代汽车制造业的先进水平，弘扬劳动光荣、技能宝贵、创造伟大的时代风尚，发挥教材培根铸魂的作用。

（2）执行现行标准　依据现行教学标准和职业技能等级证书，按照书证融通模式编写，对接职业标准和岗位需求，培养其专业能力。

（3）体现新模式　采用理实一体化的编写模式，每个课题中既有理论也有实践操作，同时加强教学过程与生产过程的对接，以工作现场为学习情境，强化工艺规范和节能环保；适应"互联网+"发展需求，运用现代信息技术在重难点或相关技能点附近设置了二维码，推进线上加线下混合式教学。

（4）采用新组织　深化产教融合与校企合作，吸纳汽车维修行业企业专家参与工作任务分析以及教材编写。

（5）推广新成果　本书是第四期江苏省职业教育教学改革研究重点资助课题《校企合作开发〈混合动力汽车维修〉职业培训包的实践研究》（课题登记号：ZZZ17）的研究成果，从而使本书的开发具有理论和实践支撑。

本书在内容处理上主要有以下几点说明：①教师能胜任理论与实践一体化教学；②采用任务驱动教学方法，以小组合作学习形式为主；③配套使用数字化资源；④本书建议学时为78，学时分配建议见下表。

序　号	内　　容	建议学时
1	单元一　混合动力汽车构造与工作原理分析	9
2	单元二　混合动力汽车电子器件和功率变换器分析	4
3	单元三　普锐斯混合动力系统构造与维修	28
4	单元四　比亚迪秦插电式混合动力系统构造与维修	37
5	总　　计	78

全书共四个单元，由陈社会任主编，孙旭、陈立新任副主编，李志军、陈锡良、朱敏参加了编写。全书由陈社会负责统稿，张启森主审。

南京中邦智慧教育科技有限公司为本书制作了二维码视频；在本书编写过程中，编者参阅了国内外出版的教材和资料，在此对其作者及南京中邦智慧教育科技有限公司一并表示衷心感谢！

由于编者水平有限，书中难免有不妥之处，敬请广大读者批评指正。

编　者

二维码索引

序号	二维码	名称	页码	序号	二维码	名称	页码
1		普锐斯混合动力系统	17	6		新能源汽车高压断电法	96
2		单体蓄电池的检测	27	7		检查辅助绝缘用具	97
3		动力蓄电池的自诊断	27	8		DMⅡ混合动力系统的工作模式	127
4		电动汽车驱动电机系统的组成	28	9		比亚迪秦插电式混合动力电动汽车整车概述	129
5		驱动电机的自诊断	33				

目录

前言
二维码索引

单元一　混合动力汽车构造与工作原理分析 / 1

- 课题一　混合动力汽车的发展分析 / 1
- 课题二　混合动力汽车的基本概念与分类分析 / 5
- 课题三　典型混合动力电动汽车的构造分析 / 10
- 课题四　混合动力汽车的电能储存装置分析 / 22
- 课题五　混合动力汽车驱动电机分析 / 27

单元二　混合动力汽车电子器件和功率变换器分析 / 34

- 课题一　DC/DC 变换器分析 / 34
- 课题二　DC/AC 变换器分析 / 43
- 课题三　AC/DC 变换器分析 / 50

单元三　普锐斯混合动力系统构造与维修 / 54

- 课题一　普锐斯混合动力系统分析 / 54
- 课题二　普锐斯混合动力系统主要部件分析 / 90
- 课题三　普锐斯混合动力系统的维修 / 96

单元四　比亚迪秦插电式混合动力系统构造与维修 / 126

- 课题一　比亚迪秦插电式混合动力系统分析 / 126
- 课题二　P 位电机控制器的检修 / 130
- 课题三　档位控制器的检修 / 143
- 课题四　动力蓄电池系统的检修 / 149
- 课题五　蓄电池管理系统的检修 / 152
- 课题六　充电系统的检修 / 162
- 课题七　电机控制器与 DC/DC 变换器总成的检修 / 170
- 课题八　漏电传感器的检修 / 183
- 课题九　高压配电箱的检修 / 184

参考文献 / 191

单元一

01 混合动力汽车构造与工作原理分析

课题一　混合动力汽车的发展分析

一、国外混合动力汽车的发展

混合动力汽车的概念几乎与汽车的概念同时出现，但是其最初的目的并非是有效地降低燃油的消耗量，而是辅助内燃机汽车以保证其合格的性能水平。事实上，早期内燃机工程技术的发展水平不及电机工程技术。

1899 年巴黎美术展览馆展出了世界最早的两款混合动力汽车，一款是由比利时 Pieper 研究院开发的并联式混合动力汽车，该车装有一台由电机和铅酸蓄电池组辅助的小型空冷汽油发动机。当该混合动力汽车滑行或停车时，发动机给蓄电池组充电；当所需驱动功率大于发动机额定值时，电机即时提供辅助的功率。Pieper 电动车除了是最初两辆混合动力电动汽车中的一辆之外，又因其是第一辆并联式混合动力汽车，所以它被视为混合动力汽车的开端。

另一款是由法国 Vendovelli 与 Priestly 公司制造的第一辆串联式混合动力汽车，它由纯商品化的电动汽车衍生而来。该车是一辆三轮车，在其两个后轮上分别装有独立的电机。与 1.1kW 发电机相组合的一台 559.28W 的汽油发动机安装在拖车上，并被拖带在该车后面，以通过对蓄电池组的再充电扩展其续驶里程。

从 1899 年到 1914 年，这期间出现了兼有并联和串联的其他形式的混合动力汽车。早期混合动力汽车的制造是为了辅助功率偏小的内燃机汽车，或是为了增进电动汽车的续驶里程。混合动力汽车利用了基本的电动汽车应用技术，且使之实用化。但尽管在其设计中体现了很多的创造性，然而在第一次世界大战后，早期的混合动力汽车还是不能与已获重大改进的内燃机汽车相竞争。就功率密度而言，汽油机取得了很大的进步，发动机变得更小、更有效，并且不再需要电机予以辅助。由于使用电机产生附加成本及酸性蓄电池组相伴随的公害性，导致第一次世界大战后混合动力汽车从市场中逐渐消失了。

Victor Wouk 博士被公认为是推进混合动力汽车发展的近代研究者。1975 年，他与同事们一起制造了一辆 Buick Skylark 型并联式混合动力汽车。该车发动机是马自达旋转式发动机，它与手动变速器配合，并由一台固定于传动装置前端的 11.19kW 的他励直流电机予以辅助，8 个 12V 的汽车蓄电池组用于能量的储存，最高速度可达 129km/h，0～96km/h 加速时间约 16s。

1973年和1977年的两次石油危机以及不断增加的环境忧虑并没有促使混合动力汽车成功地进入市场。当时的研究工作主要集中在纯电动汽车，许多纯电动汽车的原型在20世纪80年代制成。期间，由于实用的电子技术、现代电机和蓄电池应用技术的欠缺，导致了对混合动力汽车兴趣的不足。20世纪80年代人们见证了传统内燃机汽车体积减小、催化排气净化器的引入以及燃料喷射普及化等技术的进展。

　　20世纪90年代，当纯电动汽车难以达到实用化目标的事实变得很明朗时，人们对混合动力汽车产生了很大的兴趣。福特汽车公司启动了福特混合动力汽车挑战计划。全世界汽车制造业生产的混合动力汽车原型取得了巨大的进步，它们在燃油经济性方面超过了对应的内燃机汽车。在美国，道奇汽车公司制造了Intrepid（无畏）ESX-1、ESX-2和ESX-3型混合动力汽车。ESX-1型混合动力汽车是串联式混合动力汽车，它装备有一个小型涡轮增压的3气缸柴油机和一个蓄电池组；在后轮上安置有两个功率为7.46kW的电机。当时，美国政府提出"新一代汽车合作伙伴计划（PNGV）"，它包含燃油经济性可达80mile/gal（1gal = 3.78541dm^3）的中型轿车的目标。福特汽车公司的Prodigy（奇迹）和通用汽车公司的Precept（方案）均是起因于该计划的成果。Prodigy（图1-1）和Precept（图1-2）两车都是并联式混合动力汽车，装备有与无润滑油离合器的手动变速器相配合的小型涡轮增压的柴油机。

图1-1　福特Prodigy

图1-2　通用Precept

　　欧洲方面的成果代表为法国的Renault Next。该车是一辆小型的并联式混合动力汽车，采用了一个排量为0.75L的发动机和两个电机。其燃油经济性达到29.4km/L，最高速度和加速性能可与传统内燃机汽车相媲美。大众汽车公司也制造了原型车Chico，其基础是一辆装备有镍氢蓄电池组和一台三相异步电机的小型汽车，在此基础上安装了一台小型的双缸汽油发动机，用以给蓄电池组再充电，并为高速巡航提供附加的动力。

　　1997年丰田公司在日本推出了普锐斯（Prius）混合动力汽车，截至2015年7月全球销量突破800万辆。在2005年，丰田公司将混合动力系统运用到雷克萨斯上。2006年丰田公司在美国推出凯美瑞混合动力汽车。丰田公司计划将其所有的车型都配置丰田混合动力系统。本田公司也推出了Insight和Civic混合动力汽车。这些混合动力汽车目前在全世界得到了有效的应用，实现了燃油消耗量的优化。丰田公司的Prius和本田公司的Insight混合动力汽车具有历史性的价值，它们是解决私家车燃油消耗难题的当代首批商品化的混合动力汽车。

二、我国混合动力汽车的发展现状

　　目前，我国各大汽车集团都在进行混合动力汽车的研发。一汽研发的红旗HQ3于2006年投产；东风集团的混合动力公交车于2005年7月完成最终产品定型样车试验并通过验收；

奇瑞集团成立了国家节能环保汽车工程技术研究中心，2007年11月底，10辆奇瑞BSG（Belt Driven Starter Generator 传送带驱动起动发电电机）混合动力轿车率先销售到奇瑞出租车公司，小批量投放出租车市场；奇瑞A5混合动力轿车为奥运提供服务，也有出色表现。2007年12月13日，长安汽车集团自主研发了首款量产杰勋混合动力汽车。深圳五洲龙汽车有限公司建立了混合动力示范运营线路，该线路在深圳市龙岗区开通。而广州本田更是紧跟丰田的步伐，推出了多款混合动力汽车。上汽集团与通用签署协议，联手开发混合动力轿车和公交客车。上海别克君越eco-hybrid油电混合动力汽车是国内第一款中高档量产混合动力车型，采用独立的电机-金属氢化物镍蓄电池动力辅助系统，配有2.4L发动机，在车辆减速和静止状态下发动机自动切断燃油供应，实现零排放。

2011年上市的荣威750混合动力汽车是基于1.8T车型平台上，采用高压混动电机，搭载的是磷酸铁锂蓄电池。综合节油率在20%左右，百公里综合油耗为7.5L。

2013年11月，上汽荣威550插电式混合动力汽车在广州车展上正式亮相，其百公里油耗仅为2.7L，续驶里程可达500km。技术路线上采用的是发动机+P1电机+P2电机+AMT，可实现纯电动、纯发动机、串联、并联和混联等多种工作模式。

比亚迪F3DM插电式混动车型已经实现量产。比亚迪秦搭载的为比亚迪第二代DM（混动）系统，相比第一代，在动力性和经济性上都有大幅提升。

比亚迪公司陆续推出了比亚迪唐、比亚迪汉、比亚迪宋等混合动力电动汽车。在2021年1月推出了拥有更高续驶里程的比亚迪秦 plus DM-i、比亚迪宋 plus DM-i 和比亚迪唐DM三款混合动力电动汽车。根据比亚迪公司公布的数据，比亚迪DM-i超级混合动力系统使用的是1.5L高效发动机，采用了阿特金森循环工作模式，压缩比为16∶1，热效率达到了44%。

三、混合动力汽车的技术发展

1）轿车混合动力系统的模块化越加明显，逐步推进汽车动力的电气化。

2）城市客车混合动力系统出现平台化趋势。发电机组+驱动电机+储能装置构成了混合动力系统的基本技术平台。通过换用不同的发电机组，使从内燃机到气体燃料发动机各种不同的能源动力转化装置，形成油-电、气-电、电-电各种不同的混合动力系统，促进动力系统的平稳过渡与转型。

3）插电式混合动力技术越来越引起人们的关注。通用汽车公司在2007年年底展示了插电式混合动力概念车Volt Concept。该车配备了新一代驱动系统，混合形式为串联型，采用通过两个额定功率为40kW的轮边电机驱动前轮的驱动方式，配合1.0L排量3缸涡轮增压汽油发动机，以及最大输出功率为53kW的电机。该车采用锂离子蓄电池，其容量在16kW·h以上。该锂离子蓄电池可以利用家用电源充电，该车充电一次可使汽车行驶约40mile。此外，双模式混合动力和液压混合动力等技术也都取得了较大进展，相继有样车问世。

四、国内外主流汽车主机厂混合动力汽车分析

通过网络、文献、汽车主机厂网站等途径收集国内外主流汽车主机厂混合动力汽车的信息，并填写好表1-1（可添加行）。

表1-1 国内外主流汽车主机厂混合动力汽车

国家	汽车主机厂名称	混合动力汽车车型	推出时间	是否量产
中国	上汽（含合资品牌）			
中国	广汽（含合资品牌）			
中国	一汽（含合资品牌）			
中国	东风（含合资品牌）			
中国	吉利			
中国	比亚迪			
中国	宇通			
中国	金龙			
中国	奇瑞			
日本	丰田			
日本	雷克萨斯			
日本	日产			
德国	大众			
德国	宝马			
德国	奔驰			
法国	雪铁龙			
美国	通用			
美国	福特			
其他	其他			

单元一　混合动力汽车构造与工作原理分析

课题二　混合动力汽车的基本概念与分类分析

一、混合动力汽车的基本概念

根据国际能源组织（IEA）的有关文献，"能量与功率传送路线"具有如下特点的车辆称为混合动力汽车：

1）传送到车轮推进车辆运动的能量，至少来自两种不同的能量转换装置（例如：内燃机、燃气涡轮、斯特林发动机、电机、液压泵（马达）和燃料电池等）。

2）这些能量转换装置至少要从两种不同的能量储存装置（例如：燃油箱、动力蓄电池、飞轮、超级电容器和金属氢化物镍蓄电池等）吸取能量。

3）从储能装置流向车轮的这些通道，至少有一条是可逆的。

如果可逆的储能装置供应的是电能时，车辆称为混合动力电动汽车。

对于混合动力汽车而言，一般在一辆汽车上同时配备电力驱动系统（Traction Motor）和辅助动力单元 APU（Auxiliary Power Unit）。其中，APU 是燃烧某种燃料的原动机或由原动机驱动的发电机组。混合动力汽车可分为两大类，即液压蓄能式混合动力汽车 HHV（Hydraulic Hybrid Vehicle）和混合动力电动汽车 HEV（Hybrid Electric Vehicle）。

二、液压蓄能式混合动力汽车 HHV

HHV 最初由 VOLVO Flygmotor 在 20 世纪 80 年代开发，主要用于巴士、货车等重型车辆。HHV 使用的动力是液力泵及传统的燃油（气）车的发动机。液力系统主要由液压泵、液力储存器和液体罐等组成。

HHV 的特点是可使用液压泵单独驱动或与发动机共同驱动汽车行驶。该类汽车带有液压式能量回收系统，可回收汽车制动、减速过程中的能量。在汽车制动、减速时，用液压泵将汽车的动能转换为液压能，储存在装有氮气的储能器中，在汽车前进或加速时，使储存在储能器中的液压能通过液压泵释放出来，辅助发动机运转或单独驱动汽车行驶。

三、混合动力电动汽车 HEV

国标《GB/T 19596—2017 电动汽车术语》对于混合动力电动汽车是这样定义的。

至少能从下述两类车载储存的能量中获得动力的汽车：

1）可消耗的燃料。

2）可再充电能/能量储存装置。

HEV 的特点是燃油（气）发动机动力与电机动力两种动力的组合。通常把燃油（气）发动机与电机两种动力组合而成的混合动力电动汽车简称为油（气)-电混合动力电动汽车，把汽（柴）油发动机与电机两种动力组合而成的混合动力电动汽车简称为汽（柴）油-电力混合动力电动汽车。HEV 的突出优点是：

1）发动机可工作在经济工况区，排放低，燃油消耗少。

2）发动机不在全负荷和加速工况下工作，噪声小。

3）可以回收制动时的能量和利用已有的燃油设施等。

当然，混合动力汽车推广中也存在一些问题，如与传统汽车相比，动力系统复杂，成本较高，还有动力系统的质量增加、占用空间增大、故障率高于传统汽车等。

HEV与传统汽车的区别主要是驱动系统，HEV通常至少有两种动力源。一种是由发动机提供的、与传统汽车类似的动力系统。从理论上讲，所有可以用于传统汽车的发动机（包括各种内燃机和外燃机）都可用于HEV。另一种是传统汽车上所没有的电驱动系统。电驱动系统通常由电能储存器（动力蓄电池、超级电容器和飞轮电池）、电源变换器（逆变器和变压器）和电机（直流电机、三相异步感应电机、永磁电机和开关磁阻电机）等组成。为了能够利用发动机发电或回收汽车的制动能量等，电驱动系统的电机一般都可作为发电机使用，也有电机和发电机分别设置的。HEV的驱动系统组成可以说是上述两种驱动系统的组合，由于组合方式和选用的装置种类的不同，就形成了各具特色的HEV。

四、混合动力电动汽车的类型

汽车行业标准《QC/T 837—2010 混合动力电动汽车类型》对于混合动力电动汽车的类型进行了严格划分。

1. 按照动力系统结构形式划分

（1）串联式混合动力电动汽车（Series Hybrid Electric Vehicle） 车辆行驶系统的驱动力只来源于电机。

串联式混合动力电动汽车的结构特点是发动机带动发电机发电，电能通过电机控制器输送给电机，由电机驱动车辆行驶。另外，动力蓄电池可以单独向电机提供电能驱动车辆行驶。

（2）并联式混合动力电动汽车（Parallel Hybrid Electric Vehicle） 车辆行驶系统的驱动力由电机及发动机同时或单独供给。

并联式混合动力电动汽车的结构特点是并联式驱动系统可以单独使用发动机或电机作为动力源，也可以同时使用电机和发动机作为动力源驱动车辆行驶。

（3）混联式混合动力电动汽车（Combined Hybrid Electric Vehicle） 具备串联式和并联式两种混合动力系统。

混联式混合动力电动汽车的结构特点是可以在串联混合模式下工作，也可以在并联混合模式下工作，同时兼顾了串联式和并联式混合动力电动汽车的特点。

2. 按照混合度划分

（1）微混合型混合动力电动汽车（Micro Hybrid Electric Vehicle） 以发动机为主要动力源，电机作为辅助动力，具备制动能量回收功能的混合动力电动汽车。电机的峰值功率和总功率的比值小于10%。

仅具有怠速停机功能的汽车也可称为微混合型混合动力电动汽车。

（2）轻度混合型混合动力电动汽车（Mild Hybrid Electric Vehicle） 以发动机为主要动力源，电机作为辅助动力，在车辆加速和爬坡时，电机可向车辆行驶系统提供辅助驱动力矩。一般情况下，电机的峰值功率和总功率的比值大于10%。

（3）重度混合（强混合）型混合动力电动汽车（Full Hybrid Electric Vehicle） 以发动机和/或电机为动力源（一般情况下，电机的峰值功率和总功率的比值大于30%）且电机可以独立驱动车辆正常行驶。

3. 按照外接充电能力划分

（1）外接充电型混合动力电动汽车（Off-vehicle Chargeable Hybrid Electric Vehicle） 在正常使用情况下可从非车载装置中获取电能量。

仅当制造厂在其提供的使用说明书中或者以其他明确的方式推荐或要求进行车外充电时，混合动力汽车才可认为是"外接充电型"的。仅用作不定期的储能装置电量调节或维护目的而非用作常规的车外能量补充，即使有车外充电能力，也不认为是"外接充电型"的车辆。

插电式（Plug-in）混合动力电动汽车属于此类型。

（2）非外接充电型混合动力电动汽车（Non Off-vehicle Chargeable Hybrid Electric Vehicle） 在正常使用情况下从车载燃料中获取全部能量。

4. 按照行驶模式的选择方式划分

（1）有手动选择功能的混合动力电动汽车（Hybrid Electric Vehicle with Selective Switch） 具备行驶模式手动选择功能。车辆可选择的行驶模式包括发动机模式、纯电动模式和混合动力模式3种。

（2）无手动选择功能的混合动力电动汽车（Hybrid Electric Vehicle without Selective Switch） 不具备行驶模式手动选择功能。车辆的行驶模式根据不同工况自动切换。

5. 其他划分形式

1）按照可再充电能量储存系统不同可以划分为（但不限于）以下类型：

① 动力蓄电池混合动力电动汽车（Traction Battery Hybrid Electric Vehicle）。

② 超级电容器混合动力电动汽车（Super Capacitor Hybrid Electric Vehicle）。

③ 机电飞轮混合动力电动汽车（Electromechanical Flywheel Hybrid Electric Vehicle）。

④ 动力蓄电池与超级电容器组合式混合动力电动汽车（Traction Battery and Super Capacitor Hybrid Electric Vehicle）。

2）混合动力电动汽车按照其技术特征、燃料类型、功能结构和车辆用途等因素还可有其他划分形式。

五、混合动力电动汽车高压安全防护

混合动力电动汽车在维修过程中必须做好高压安全防护。电动汽车的维护需要使用专业的设备，包括个人防护用具、专用维修工具和专业检测设备等。在进行电动汽车维修作业时，维修工必须要穿戴好绝缘手套、护目镜、安全帽、维修工服和绝缘鞋（靴）等个人防护用具。

1. 个人安全防护用具的使用

（1）绝缘手套的使用 绝缘手套是起电气绝缘作用的一种手套。区别于一般的劳保用安全防护手套，绝缘手套要求具有良好的电气性能（至少应该能防1000V以上的高压）、较高的机械性能及良好的耐老化和耐热性能。

绝缘手套可以使人的两手与带电体绝缘，防止人手触及同一电位带电体或同时触及同一电位带电体或同时触及不同电位带电体而触电，在现有的绝缘安全用具中，使用范围最广、用量最多。绝缘手套按所用的原料不同可分为天然橡胶绝缘手套和合成橡胶绝缘手套两大类。要选择正确电压等级的绝缘手套。绝缘手套的表面应平滑、无针孔、裂纹、砂眼、杂质等各种明显的缺陷和明显的波纹。通过检查绝缘手套是否漏气可以检查绝缘手套是否破损。使用前，要查看绝缘手套是否仍在产品使用期内。使用绝缘手套的时候要确保袖口全部放入手套中。

（2）护目镜的佩戴 在混合动力电动汽车维修工作中，高压部件如果相互接触时会发出电弧光，产生的热度高、亮度大，因而会对眼睛造成伤害。若这种电弧光照射到眼睛上，会造成眼球表面细胞组织的损伤，使表皮细胞脱落，损害眼睛表层的保护膜，使眼睛感到像刀割一样的疼痛，进而会有流眼泪、睁不开眼、怕光的症状，特别是在晚上疼痛会更厉害。因此，佩戴护目镜是必不可少的一种防护措施。

> **佩戴护目镜的注意事项：**
> ① 选择护目镜时应根据脸型判断规格大小。
> ② 护目镜可调节头带，进而调整与面部的合适程度。
> ③ 选用的护目镜要选用经产品检验机构检验合格的产品。
> ④ 若镜片磨损粗糙、镜架损坏，会影响操作人员的视力，应及时更换。
> ⑤ 护目镜要专人使用，防止传染眼疾。
> ⑥ 焊接护目镜的滤光片和保护片要按规定作业需要选用和更换。
> ⑦ 防止重摔重压，防止坚硬的物体摩擦镜片和面罩。

(3) 安全帽的佩戴　安全帽能有效地防止和减轻操作人员在生产作业中遭受坠落物体或自己坠落时对头部的伤害。如果佩戴和使用不正确，会导致安全帽在受到冲击时起不到防护作用。佩戴安全帽前，应将帽后调整带按自己头型调整到适合的位置，然后将帽内弹性带系牢。缓冲衬垫的松紧由内弹性带调节，人的头顶与帽体内顶部的空间垂直距离一般在25～50mm，不小于32mm为好。这样才能保证当遭受到冲击时，帽体有足够的空间供缓冲，平时也有利于头和帽体间的通风。

不要把安全帽歪戴，也不要把帽檐戴在脑袋后方。否则，会降低安全帽对冲击的防护作用。

安全帽的下颌带必须扣在颌下，并系牢，松紧要适度。这样不会被大风吹掉，或者是被其他障碍物碰掉，或者由于头的前后摆动，使安全帽脱落。

在室内带电作业时，更要认真戴好安全帽，因为安全帽不但可以防碰撞，而且能起到绝缘作用。

(4) 绝缘鞋的穿用　绝缘鞋的作用是使人体与地面绝缘，防止电流通过人体与大地之间构成通路，对人体造成电击伤害，把触电时的危险降低到最低程度，因为触电时电流是经接触点通过人体流入地面的。它还能防止试验电压范围内的跨步电压对人体的危害，所以电气作业时不仅要戴绝缘手套，还要穿好绝缘鞋。

(5) 维修工服的穿用　维修工服不仅能给电动汽车操作人员提供安全保障，还能反映员工精神风貌，体现企业的文化内涵，提升企业形象。

维修工服面料应选择防静电、耐摩擦的面料。款式要求下摆、袖口、裤腿都是可以扣起来的，这样能有效地减小衣服卡入车辆缝隙中的概率，提高了作业的安全性。

2. 工位安全防护

(1) 设置隔离　检查现场操作环境，周边不得有易燃物品及与工作无关的金属物品，并在维修车辆周围设置隔离，无关人员不得进入现场。

(2) 警示标识放置　在地面或车辆附近明显位置放置高压危险警示牌。

(3) 绝缘垫的铺设和检测　在车辆作业的地面上铺设绝缘垫。绝缘垫表面应无裂痕、砂眼、老化等现象，放置好绝缘垫后，用绝缘测试仪检查其绝缘性能，绝缘值应大于等于500MΩ。

3. 混合动力电动汽车常见维修工具和设备的使用

(1) 常用维修绝缘工具的使用　混合动力电动汽车维修常用的拆装工具必须是绝缘的。绝缘工具表面应无破损。

(2) 绝缘测试仪的使用

1) 将测试探头插入 V 和 COM（公共）输入端子。

2) 将旋转开关转至所需要的测试电压。

3) 将探头与待测电路连接。测试仪会自动检测电路是否通电。

主显示位置显示——直到按 测试 按钮，此时将获得一个有效的绝缘电阻读数。

如果电路中的电压超过 30V（交流或直流），在主显示位置显示电压超过 30V 警告的同时，还会显示高压符号（ ⚡ ）。在这种情况下，测试被禁止。在继续操作之前，先断开测试仪的连接并关闭电源。

4) 按住 测试 按钮开始测试。辅显示位置上显示被测电路上所施加的测试电压。主显示位置上显示高压符号（ ⚡ ）并以 MΩ 或 GΩ 为单位显示电阻。显示屏的下端出现 测试 图标，直到释放 测试 按钮。

当电阻超过最大显示量程时，测试仪显示 ▶ 符号以及当前量程的最大电阻。

5) 继续将探头留在测试点上，然后释放 测试 按钮。被测电路即开始通过测试仪放电。主显示位置显示电阻读数，直到开始新的测试或者选择了不同功能或量程，或者检测到了 30V 以上的电压。

GB 18384—2020《电动汽车安全要求》规定，在最大工作电压下，直流电路绝缘电阻应小于 100Ω/V，交流电路应不小于 500Ω/V。整个电路为满足以上要求，依据电路的结构和组件的数量，每个组件应有更高的绝缘电阻。

注意：绝缘测试只能在不通电的电路上进行。

(3) 放电工装的使用　将放电工装表笔的正极接带电物体的正极，放电工装表笔的负极接带电物体的负极。当被测物体有电时，灯会亮，没电则不亮。

(4) 钳形万用表　在使用钳形万用表时，根据电流的种类电压等级正确选择钳形万用表，被测电路的电压要低于钳形万用表的额定电压。当测量高压电路的电流时，应选用与其电压等级相符的高压钳形万用表。

查看钳形万用表的外观情况，一定要仔细检查表的绝缘性能是否良好，绝缘层应无破损，手柄应清洁干燥。若指针没在零位，应进行机械调零。钳形万用表的钳口应紧密结合，若指针晃动，可重新开闭一次钳口。

使用钳形万用表测试电流的步骤如下：使用时应按紧扳手，使钳口张开，将被测导线放入钳口中央，然后松开扳手并使钳口闭合紧密。钳口的结合面如果有杂声，应重新开合一次，若仍有杂声，应处理结合面，以使读数准确。另外，不可同时钳住两根导线。读数后，将钳口张开，将被测导线退出，将档位置于电流最高档或 OFF 档。

钳形万用表要接触被测电路，所以钳形万用表不能测量裸导体的电流。用高压钳形万用表测量时，应由两人操作，测量时应戴绝缘手套，站在绝缘垫上，不得触及其他设备，以防短路或搭铁。

测量时，应注意身体与带电体保持安全距离。当测量高压电缆各相电流时，电缆头线间距离应在 300mm 以上，且绝缘良好。观测读数时，要特别注意保持头部与带电部分的安全距离，人体任何部分与带电体的距离不得小于钳形万用表的整个长度。

4. 高压部件的识别

（1）高压组成部分　高压部件主要有高压控制盒、电机控制器、动力蓄电池、电动压缩机、PTC、交流充电口、车载充电器、DC/DC 变换器和驱动电机、高压线等。所有高压电线为橙色。

（2）警告标签　高压部件上侧贴有标签。

课题三　典型混合动力电动汽车的构造分析

一、串联式混合动力汽车

1. 基本结构

串联式混合动力系统的结构及驱动方式如图 1-3 所示。串联式混合动力系统利用发动机动力发电，从而带动驱动电机驱动车轮。其基本结构由驱动电机、发动机、发电机、动力蓄电池和变压器等组成。由发动机进行准稳恒性运转来带动发电机，直接向驱动电机供应电力，或一边给动力蓄电池充电一边行驶。由于发动机的动力是以串联的方式供应到驱动电机的，所以称为串联式混合动力系统。

发动机和发电机构成辅助动力单元，发动机输出的驱动力（能）首先通过发电机转化为电能，转化后的电能一部分用来给动力蓄电池充电，另

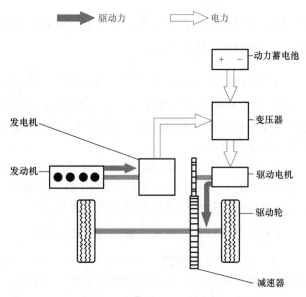

图 1-3　串联式混合动力系统

一部分经由驱动电机和传动装置驱动车轮。在这种结构中，发动机的唯一功能就是发电，而驱动车轮的转矩全部来自驱动电机。动力蓄电池实际上起平衡发动机输出功率和驱动电机输入功率的作用。当发电机的发电功率大于驱动电机所需的功率时（如：汽车减速滑行、低速行驶或短时停车等工况），控制器控制发电机向动力蓄电池充电；当发电机发出的功率低于驱动电机所需的功率时（如：汽车起步、加速、高速行驶、爬坡等工况），动力蓄电池向驱动电机提供额外的电能。串联式结构可使发动机不受汽车行驶工况的影响，始终在其最佳的工作区稳定行驶，因此可降低汽车的油耗和排放。串联式混合动力系统的结构简单，控制容易，但是由于发动机的输出需全部转化为电能再变为驱动汽车的机械能，而机电能量转换和蓄电池的充放电的效率较低，因此使得串联式结构的能量利用效率较低。

2. 串联式混合动力系统的 3 种基本控制模式

1）恒温器式控制模式。主要利用动力蓄电池来驱动车辆，仅当 SOC（State Of Charge，

荷电状态）降低到最小限值时，发动机才起动，发动机在最高效率区以输出恒定功率的方式工作，当SOC回升到最大限值时发动机停止运转。这种控制模式的主要缺点是发动机的起动和关停贯穿于车辆行车的整个过程，由于发动机每次停止运转期间，发动机和催化转换器装置的温度会降低，从而导致它们的效率降低，这种控制模式也称为恒温器式控制模式。

2)"负荷跟随"控制模式。保持动力蓄电池的SOC在规定的范围之内，发动机带动发电机工作并尽可能地供应接近车辆行驶所需的电能，动力蓄电池只起负荷调节装置的作用。这种模式动力蓄电池的充放电量较小，能量损失最小，缺点是发动机不能工作在最佳转速和负荷下，因此其排放可能变差、效率降低。

3) 上述两种控制模式的一个折中方案。在动力蓄电池的SOC较高时，主要用纯电动模式。当动力蓄电池的SOC降低到设定的范围内时，发动机带动发电机工作，考虑到发动机的排放和效率，将其输出功率严格限定在一定的变化范围内。如果能预测到车辆行程内的总能量需求，则一旦动力蓄电池中储存了足够的能量，在剩余的行程过程中车辆就可转换为纯电动模式，到了行程终点正好耗尽动力蓄电池所允许放出的电能，这种控制模式也称为最佳串联混合动力模式。

3. 通用汽车公司 Series-SHEV 汽车的结构（串联式混合动力电动汽车）

通用汽车公司开发的 Series-SHEV 汽车是一种串联式混合动力电动汽车。

（1）Series-SHEV 的结构（图 1-4）

① 柴油机-发电机组（Series-SHEV）采用一台小型涡轮增压直喷式柴油机，功率为 40kW。柴油机保持在高效率状态下平稳运转，带动发电机发电，向金属氢化物镍蓄电池充电。

② 动力蓄电池（Series-SHEV）采用金属氢化物镍蓄电池作为动力蓄电池，动力蓄电池分别布置在座位下面。在SHEV驱动时提供电能，在SHEV再生制动时储存回收的电能。

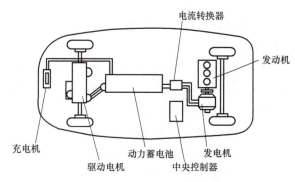

图 1-4 Series-SHEV 的结构

③ 驱动电机（Series-SHEV）采用交流感应电机，功率为 100kW，通过减速器独立地带动汽车前轮行驶。

（2）Series-SHEV 的管理系统　Series-SHEV 采用多能源动力总成管理模块，对动力蓄电池的充、放电及动力蓄电池中每个单体蓄电池的状态进行监控和检查。金属氢化物镍蓄电池由中央控制器中的蓄电池管理模块控制，当动力蓄电池的电能下降到40%时，立即自动起动柴油机-发电机组进行发电，并使动力蓄电池恢复到50%的充电状态。发电机采取起动-关闭的控制方式控制柴油机-发电机组发电，发电机保持在最佳效率范围内运转。

4. 串联式混合动力系统的优点与缺点

（1）串联式混合动力系统的优点

① 由于发动机与驱动轮没有直接机械连接，因此发动机工作状态不受车辆行驶工况的影响，能运行在其转矩-转速特性图上的任何工作点，而且能始终在最佳的工作区域内稳定运行，因此，发动机具有良好的经济性和较低的排放性能。此外，发动机从驱动轮上的机械

解耦，使高速发动机能够得到应用，例如燃气轮机发动机或具有缓动态特性的动力机械（如斯特林发动机）。

② 发动机与驱动电机之间无机械连接，整车的结构布置自由度较大，各种驱动系统器件可以放在最适合的位置。

③ 由于驱动电机的功率大，制动能量回收的潜力大，可以提高能量利用效率。

（2）串联式混合动力系统的缺点

① 发电机将发动机的机械能转变为电能，电机又将电能转变为机械能，而且动力蓄电池在充电和放电过程中存在能量损失，因此发动机输出的能量利用率比较低。串联式混合动力系统的发动机能保持在最佳工作区域内稳定运行，这一特点的优越性主要表现在低速、加速等工况，而在汽车中、高速行驶时，由于其电传动效率较低，抵消了发动机效率高的优势。

② 驱动电机是唯一驱动汽车行驶的动力装置，因此驱动电机的功率要足够大。

此外，动力蓄电池一方面要满足汽车行驶中峰值功率的需要，以补充发电机输出功率的不足；另一方面，要满足吸收制动能量的要求，这就需要较大的动力蓄电池容量。所以，驱动电机和动力蓄电池的体积和重量都较大，使得整车重量较大。

由此可知，串联式混合动力汽车更适用于经常在市内低速运行的工况，而不适合高速行驶工况。

二、并联式混合动力汽车

1. 基本结构

并联式混合动力系统使用驱动电机和发动机两种不同的装置来驱动车轮，动力的流向为并联，所以称为并联式混合动力系统。它可以采用发动机单独驱动、驱动电机单独驱动或发动机和驱动电机混合驱动 3 种工作模式。典型的并联式混合动力系统的结构及能量流动路线如图 1-5 所示，其由驱动电机、发动机、动力蓄电池、变压器和变速器等组成。

并联式混合动力系统中利用动力蓄电池的电力来驱动驱动电机，因驱动电机在汽车制动时进行制动能量回收，此时驱动电机用作发电机使用。

从结构形式上可以将并联式混合动力系统分为单轴式和双轴式两种。单轴式混合动力系统发动机和驱动电机的输出采用了同一根传动轴，这样有利于驱动电机和变速器结构的一体化模块设计。单轴式结构的合成方式为转矩合成，这种结构导致驱动电机和发动机两者的瞬时转速值相同，限制了驱动电机的工作区域。双轴式结构中可以有两套机械式变速器，内燃

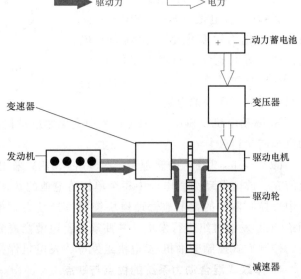

图 1-5 并联式混合动力系统

机和驱动电机各自与一套变速机构相连,然后通过齿轮系统进行复合。

2. 并联式混合动力系统典型工作模式的功率流

1) 车辆起动、低速及轻载行驶时,发动机关闭,车辆由驱动电机驱动,为纯电动工况,如图1-6所示。

2) 车辆正常行驶、加速及爬坡时,发动机和驱动电机同时工作驱动车辆行驶,如图1-7所示。

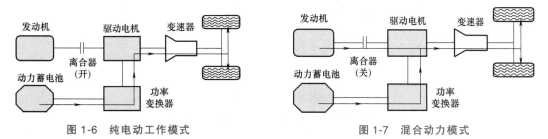

图1-6　纯电动工作模式　　　　　　　图1-7　混合动力模式

3) 在车辆行驶过程中,当动力蓄电池电量过低时,发动机在驱动车辆行驶的同时向动力蓄电池充电,如图1-8所示。

4) 车辆减速及制动时,驱动电机以发电机模式工作,回收车辆制动能量向动力蓄电池充电,如图1-9所示。

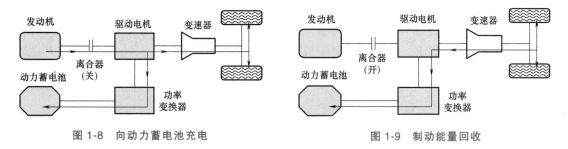

图1-8　向动力蓄电池充电　　　　　　图1-9　制动能量回收

3. 并联式混合动力系统两种基本控制模式

(1) 发动机辅助混合动力模式　这种模式主要利用动力蓄电池-驱动电机系统来驱动车辆,仅当以较高的巡航速度行驶、爬坡和急加速时才使发动机起动。这种控制模式的优点是大多数情况下车辆都是用蓄电池的电能来工作,车辆的排放和燃油消耗较少,同时可以利用车辆运动的惯性力来起动发动机,从而可以取消起动机。这种控制模式的缺点是发动机每次停止运转期间,发动机和催化转化装置的温度降低而导致它们的效率降低,增加了尾气排放。

(2) 电机辅助混合动力模式　这种模式主要利用发动机来驱动车辆,驱动电机只在两种状态下使用:一是用于瞬间加速和爬坡需要峰值功率时,可使发动机工作在最高效率区间,以降低排放和减少燃油消耗;二是在车辆减速制动时,驱动电机被用来回收车辆的制动动能对动力蓄电池进行充电。这种模式的主要缺点是车辆不具备纯电动模式,在行驶过程中若经常加速,动力蓄电池的电能消耗到最低限度,则会失去驱动电机辅助能力,驾驶人会感到车辆动力性能有所降低。

4. 日产风雅混合动力汽车

(1) 混合动力系统的结构　日产风雅混合动力汽车的混合动力系统称为单驱动电机双

离合器式混合动力系统,如图1-10所示。

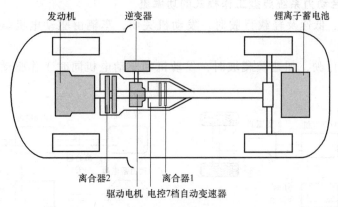

图1-10 日产风雅混合动力系统的结构

其混合动力系统主要由驱动电机、逆变器、锂离子蓄电池、发动机等主要部件构成。这些部件各自的功能和其他混合动力汽车一样。蓄电池采用的是具有特殊结构的锂离子蓄电池;兼备发电机功能的驱动电机前、后配有两个离合器;驱动电机和两个离合器作为电控7档自动变速器(AT)的一部分集成在一起。

驱动电机前部的离合器1的结构和手动变速器汽车常用的干式单片离合器基本相同。这个离合器控制着自动变速器和发动机的连接与断开。离合器自动进行连接与断开。离合器的功能只是单纯的连接或断开。驱动电机后端(自动变速器输出端)的离合器2不是专用于混合动力汽车的新设计,是一般主要构成自动变速器的部件中的一种,为湿式多片式离合器。

(2)工作过程

① 系统起动时。车辆在起动前,发动机冷却状态下的锂离子蓄电池剩余电量低时,离合器1接合,驱动电机起动,发动机开始工作,如图1-11所示。发动机暖机后或锂离子蓄电池剩余电量足够的情况下,发动机停止工作。

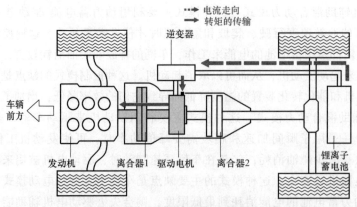

图1-11 系统起动时的工作过程

起动、急速、低速、中高速时(锂离子蓄电池电量足够时),仅利用驱动电机行驶。离合器2为接合状态,离合器1断开,发动机停止工作,如图1-12所示。当然要根据负荷的大小来定,轻负荷时可以仅靠驱动电机行驶。

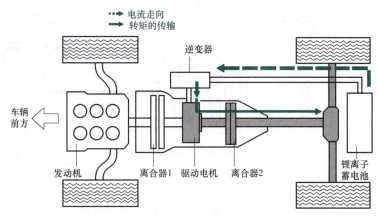

图 1-12　一般行驶时混合动力系统的工作过程

锂离子蓄电池电量少,离合器 1 接合,发动机开始工作。然后驱动电机转换为发电机,一边给锂离子蓄电池充电;一边利用发动机使车辆行驶,如图 1-13 所示。在这种情况下,为了提高发动机的效率,应在控制驱动电机发电量的同时灵活地使用自动变速器。

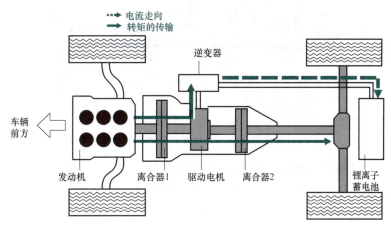

图 1-13　电量少时混合动力系统的工作过程

② 减速或制动时。车辆减速或制动时,离合器 2 接合,离合器 1 断开,发动机停止工作。驱动电机转换为发电机,进行再生发电,如图 1-14 所示。再生发电的电力向锂离子蓄电池充电。

③ 加速或爬坡时。当加速踏板完全踩下满负荷运转时,离合器 2 接合,离合器 1 接合。发动机和驱动电机共同输出动力,产生大的驱动力,如图 1-15 所示。

④ 离合器控制。日产风雅混合动力汽车采用电控 7 档自动变速器,与一般的行星齿轮式自动变速器构造类似。前者中的驱动电机和两个离合器作为电控 7 档自动变速器的一部分,但是前者不是使用液力变矩器,而是使用了驱动电机,使用手动变速器用离合器代替锁止离合器。

离合器 1 与一般手动变速器离合器结构相同,是干式离合器。它是由液压气缸自动控制

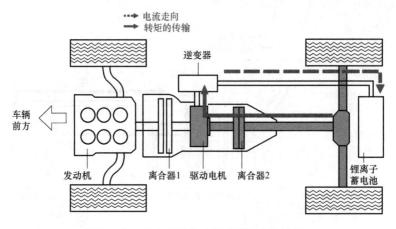

图 1-14 制动时混合动力系统的工作过程

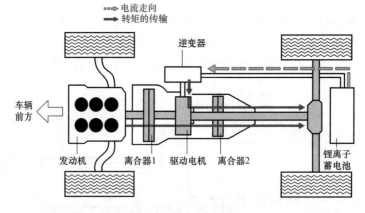

图 1-15 完全加速或爬坡时混合动力系统的工作过程

的,车辆行驶时,其输入端和输出端的转速差大约为 50r/min,能够实现车辆更为平稳的行驶。在发动机开始工作的情况下,为了使驱动转矩不发生变化,离合器 1 输入端和输出端的转速差控制在 100r/min 左右,在控制滑行的同时,离合器 1 接合,这时驱动电机发挥起动作用。

低速时,离合器 1 和离合器 2 完全接合,发动机和驱动电机的转数相同。这样,车速为 10km/h 时,转速约为 1000r/min;车速为 5km/h 时,转速约为 500r/min,发动机会停止工作。为了防止这样的情况发生,离合器 2 会使车辆滑行,进入半离合状态,这时发动机的转速会保持在 1000r/min 左右。

在坡道上停止的状态下,驾驶人踩下加速踏板,离合器 2 断开,电动制动装置控制车辆停止,目的是保护离合器 2。

5. 并联式混合动力系统的特点

1) 发动机通过机械传动机构直接驱动汽车,无机械能、电能的转换损失,因此发动机输出能量的利用率相对较高。汽车行驶工况能保证发动机在其最佳的工作范围内运行时,并联式混合动力系统的燃油经济性要比串联式混合动力系统的高。

2) 当电机仅起功率调峰作用时,驱动电机、发动机的功率可适当减小,蓄电池的容量

单元一　混合动力汽车构造与工作原理分析

也可减小。

3）在繁华的市区低速行驶时，并联式混合动力系统可通过关停发动机，以纯电动方式运行，以实现零排放，但这就需要有功率足够高的驱动电机，所需锂离子蓄电池的容量相应要大。

4）发动机与驱动电机并联驱动时，还需要动力复合装置，因此，并联驱动系统的传动机构较为复杂。

5）并联式混合动力系统与车轮之间直接机械连接，发动机的运行工况会受车辆行驶工况的影响，所以车辆在行驶工况频繁变化的情况下运行时，发动机有可能不在其最佳工作区域内运行，其油耗和排放指标可能不如串联式混合动力系统。并联式混合动力系统最适合于汽车在中、高速工况下稳定行驶。

三、混联式混合动力汽车

1. 基本结构

混联式混合动力系统的结构和形式如图 1-16 所示，在结构上综合了串联式和并联式的特点。混联式混合动力系统利用驱动电机和发动机这两个动力来驱动车轮，同时驱动电机在行驶当中还可以发电。根据行驶条件的不同，可以仅靠驱动电机驱动来行驶，或者利用发动机和驱动电机共同驱动行驶。另外，还安装有发电机，所以可以一边行驶一边给动力蓄电池充电。混联式混合动力系统由驱动电机、发动机、动力蓄电池、发电机、动力分离装置、电子控制单元（变压器、转换器）等组成。利用动力分离装置将发动机的动力分成两部分，一部分用来直接驱动车轮；另一部分用来发电，给驱动电机供应电力和为动力蓄电池充电。

普锐斯混合动力系统

2. 丰田混联式混合动力系统

丰田混联式混合动力系统（图 1-16）将发动机输出的动力通过动力分离装置分解为发电机的驱动力和车轮的驱动力，发电机产生的电力一部分供给车轮驱动用的驱动电机；另一部分通过变压器把交流电变为直流电给动力蓄电池充电。动力蓄电池通过变压器把直流电变成交流电给驱动电机供电以驱动车轮，此部分为串联式混合动力部分；另一方面，尽管发动机可以通过减速器来驱动车轮，但是可以通过增加电机来共同驱动，此部分构成并联式混合动力部分。丰田混联式混合动力系统的核心是用行星齿轮组组成的动力分离装置，用于协调发动机和驱动电机的运动和动力传递。

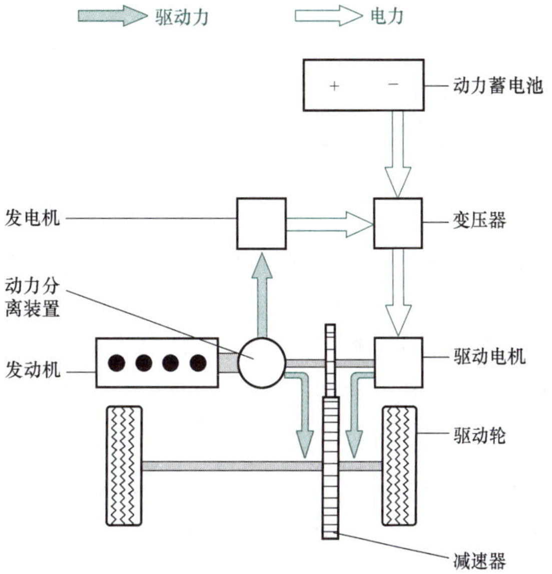

丰田混联式混合动力系统具有低油耗和低排放的效果，根据行驶工况的不同，以不同的模式工作，最大限度地适应车辆的行驶工况，使系统达到最高的

图 1-16　混联式混合动力系统的结构和形式

燃油经济性和最低的排放。

（1）驱动电机起动时的低速大转矩特性　当汽车起动时，丰田油电混合动力系统仅使用由动力蓄电池提供能量的驱动电机的动力起动，这时发动机并不运转，如图1-17所示。

图1-17　起动时

注意：点火起动时，发动机将开始运转，直至充分预热。

（2）低速-中速行驶时　由高效利用能量的驱动电机驱动行驶。对于发动机而言，在低速-中速带的效率并不理想，而另一面，驱动电机在低速-中速带性能优越。因此，在用低速-中速行驶时，油电混合动力系统使用动力蓄电池的电力驱动电机，如图1-18所示。

注意：动力蓄电池的电量少时，利用发动机来带动发电机发电，为驱动电机提供动力。

图1-18　低速-中速行驶时

（3）一般行驶时　低油耗的驾驶，使用发动机作为主要动力源。丰田油电混合动力采用Atkingson循环发动机，使它在能产生最高效功率的速度区间驱动。由发动机产生的动力一部分直接驱动车轮，依照驾驶状况另一部分动力被分配给发电机。由发电机产生的电力用来驱动驱动电机和辅助发动机。利用发动机和电机双动力系统，使得发动机产生的动力以最小消耗被传向地面，如图1-19所示。

注意：动力蓄电池的电量少时，发动机输出功率会被提高以加大发电量，来给动力蓄电池充电。

（4）一般行驶时/剩余能量充电　将剩余能量用于动力蓄电池充电。因为丰田油电混合动力系统在高速运转时是采用发动机来驱动，而发动机有时会产生多余的能量，这些多余的

单元一 混合动力汽车构造与工作原理分析

图 1-19 一般行驶时

能量由发电机转换成电力储存在动力蓄电池中,如图 1-20 所示。

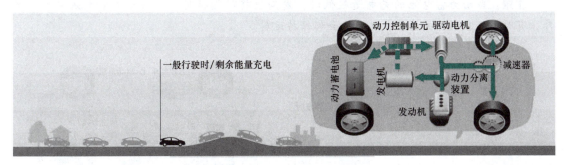

图 1-20 一般行驶时/剩余能量充电

(5) 全速开进(行驶)时 利用双动力来获得更高一级的加速。在需要强劲加速(如爬陡坡及超车)时,动力蓄电池也提供电力,来加大驱动电机的驱动力。通过发动机和驱动电机双动力的结合使用,丰田油电混合动力系统得以实现与高一级发动机同等水平的强劲而流畅的加速性能,如图 1-21 所示。

图 1-21 全速开进(行驶)时

(6) 减速/能量再生时 将减速时的能量回收到动力蓄电池中用于再利用。在踩制动踏板和放松加速踏板时,丰田油电混合动力系统使车轮的旋转带动驱动电机运转,将其作为发电机使用。减速时通常作为摩擦热散失掉的能量,在此被转换成电能,回收到动力蓄电池中进行再利用,如图 1-22 所示。

(7) 停车时 停车时动力系统全部停止。在停车时,发动机、驱动电机、发电机全部自动停止运转,不会因怠速而浪费能量,如图 1-23 所示。

19

图 1-22 减速/能量再生时

注意：当动力蓄电池的充电量较低时，发动机将继续运转，以给动力蓄电池充电。另外，有时因与空调开关连动，发动机会仍保持运转。

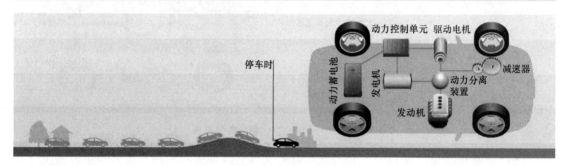

图 1-23 停车时

四、插电式混合动力汽车

插电式混合动力驱动系统（Plug-in Hybrid Electric Vehicle，简写成 PHEV）是在 3 种混合动力系统（串联、并联、混联）基础上发展起来的一种混合动力系统。它配备了较大容量的动力蓄电池，可以通过接入电网为系统中配备的动力蓄电池充电，充电后可仅凭动力蓄电池和驱动电机驱动汽车以纯电动模式行驶。在动力蓄电池的剩余电量用完后，切换至混合动力系统模式（串联式、并联式或混联式）工作，延长汽车的续驶里程。插电式混合动力系统既可以以纯电动模式行驶较长的距离，又解决了目前纯电动汽车续驶里程短的问题，是目前非常有发展前景的一种驱动系统。

图 1-24 所示为丰田普锐斯并联式 Plug-in 混合动力系统结构与工作原理。

PHEV 兼顾了纯电动汽车和 HEV 的优点：

1）在局部地区或短距离上下班行驶，可以作为纯电动汽车使用，可用家用电源对车上动力蓄

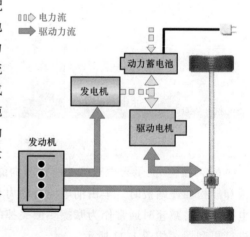

图 1-24 丰田普锐斯并联式 Plug-in 混合动力系统结构与工作原理

电池充电，不使用汽油。

2）利用晚上电网的低谷电对动力蓄电池充电，可以提高电网效率，具有纯电动汽车的所有优点。

3）加满燃油后，PHEV 的行驶里程可以与混合动力汽车和内燃机汽车相媲美。

4）由于主要以纯电动工作，车辆使用寿命期间的维修成本低。

五、混合动力电动汽车控制按钮和开关的操纵

1. 混合动力电动汽车使用前的检查

1）绕车确认汽车周围、车底等处无人和障碍物。

2）检查轮胎气压是否符合标准，清理胎纹中的杂物，检查车轮螺母是否松动、脱落，必要时进行紧固。

3）检查是否漏水、漏电、漏气。检查前机舱高压电器表面是否有积水，如果有积水则用布拭去；检查动力蓄电池是否固定牢靠；检查车下是否有油迹、水迹，管路是否有渗漏的地方。

4）检查所有的车窗玻璃、门锁、后视镜、车灯等是否正常工作。

5）检查机舱盖和行李舱盖是否关紧，随车工具是否齐全，车内行李物品是否安放好。

6）检查转向盘、座椅、安全带是否调整好，车门是否关紧。

7）检查电机冷却液液位、制动液液位、玻璃清洗液液位，清理刮水片上的杂物。

8）检查制动踏板、驻车制动器操作装置是否正常。

2. 电子智能钥匙的使用

电子智能钥匙可以解锁和闭锁所有车门，可以将电子智能钥匙靠近车门，按压车门的微动开关来解锁和闭锁所有车门。

装在电子智能钥匙内的机械钥匙可以实现驾驶人侧车门的解锁和闭锁。

3. 混合动力电动汽车的起动

配有电子智能钥匙的车辆，起动车辆时需将电子智能钥匙携带在身边，然后踩下制动踏板，按下起动开关或"起动/停止"按键（车辆不同，按键不同）。仪表板显示"OK"或"READY"表明起动成功。

4. 混合动力电动汽车的换档

起动成功后，可以进行换档。一般来说，汽车的变速杆设计得十分有利于操作，方便灵活，一般只需轻轻拨动即可。

5. 电子驻车（EPB）的操纵

一般来说，向上拉起 EPB 开关，EPB 会施加适当的驻车力，仪表上的指示灯会先闪烁，长亮表示 EPB 已拉起。车辆电源档位处于 ON 位置且档位处于非 P 位时，踩下制动踏板并按下 EPB 开关，直至仪表上的指示灯熄灭，即表示已释放电子驻车。

一般来说，混合动力电动汽车电源档位处于 OFF 位置时，EPB 会自动拉起。当起动之后，进行换档时，EPB 会自动释放。

6. 组合仪表及故障指示灯的使用

起动车辆后，观察组合仪表指示灯，并根据混合动力电动汽车的用户手册，指出指示灯和故障指示灯的含义。

7. 中控信息系统的使用

中控信息系统在不同混合动力电动汽车上的安装位置不同，可以查阅用户手册后使用中控信息系统。

课题四 混合动力汽车的电能储存装置分析

一、混合动力汽车电能储存装置的种类

混合动力汽车的电能储存装置可以分为二次电池、超级电容器和飞轮电池 3 类。

1. 二次电池

二次电池也称为可充电电池。现代混合动力汽车上最常见的二次电池有铅酸蓄电池、锂离子蓄电池和金属氢化物镍蓄电池三类。

2. 超级电容器

超级电容器又称为电化学容器，是一种新型的、双层面电容器，与常见的物理电容器不同。其特点是电容量大，比物理电容器的极限容量高 3~4 个数量级，达到 103F/g（电容量密度）以上。

3. 飞轮电池

飞轮电池又称为飞轮储能器，是利用飞轮高速旋转来储能和释放电能的一种装置。这种电能储存装置目前应用较少。

二、基本术语

动力蓄电池是具有强大能量的动力电源，除了作为驱动动力能源外，还要向空调系统等提供电力能源；另一方面，有的蓄电池还要为照明、信号系统、刮水器和喷淋器以及车载娱乐和通信设备等装备提供低压电源。

动力蓄电池的能量密度、功率密度、充放电性能、成本、使用寿命、单体一致性和安全性等是影响电动汽车能否产业化的关键因素。

1. 容量（C）

完全充电的蓄电池在规定条件下所释放的总电量称为蓄电池容量，单位为 A·h。

（1）额定容量 在规定条件下测得的，由制造商给定的蓄电池容量。

（2）n 小时率容量 完全充电的蓄电池以 n 小时率放电电流放电，达到规定终止电压时所释放的电量。

（3）可用容量 在规定条件下，从完全充电的蓄电池中释放的电量。

（4）理论容量 假设活性物质完全被利用，蓄电池可释放的容量。

2. 荷电状态（State Of Charge，SOC）

当前蓄电池中按照规定放电条件可以释放的容量占可用容量的百分比。

3. 能量

（1）总能量 蓄电池在其寿命周期内电能输出的总和，单位为 W·h。

（2）充电能量（蓄电池） 通过充电机输入蓄电池的电能，单位为 W·h，这里指蓄电池充电能量。

（3）放电能量（蓄电池） 蓄电池放电时输出的电能，单位为 W·h。

4. 密度

（1）能量密度　从蓄电池的单位质量或单位体积所获取的电能，用 Wh/kg 或 Wh/L 来表示。

1）质量能量密度。从蓄电池的单位质量所获取的电能，用 Wh/kg 表示。

2）体积能量密度。从蓄电池的单位体积所获取的电能，用 Wh/L 表示。

（2）功率密度　从蓄电池的单位质量或单位体积所获取的输出功率，用 W/kg 或 W/L 表示。

1）质量功率密度。从蓄电池的单位质量所获取的输出功率，用 W/kg 表示。

2）体积功率密度。从蓄电池的单位体积所获取的输出功率，用 W/L 表示。

5. 电压

（1）标称电压　由厂家指定的用以标识电池的适宜的电压近似值。

（2）开路电压　蓄电池在开路条件下的端电压。

（3）单体蓄电池电压　单体蓄电池的断路电压。

（4）平均电压　在规定的充放电过程中，用瓦时数除以安时数所得到的值，它不是某一段时间内的平均电压（除了在定电流情况下）。

（5）负载电压　蓄电池接上负载后处于放电状态下的端电压。

（6）电压-电流特性（V-A 特性）　蓄电池在充/放电过程中，电压与电流关系的特性。

（7）充电截止（终止）电压　蓄电池正常充电时允许达到的最高电压。

（8）放电截止（终止）电压　蓄电池正常放电时允许达到的最低电压。

6. 记忆效应

蓄电池经过长期浅充放电循环后，进行深放电时，表现出明显的容量损失和放电电压下降，经数次全充/放电循环后，蓄电池特性即可恢复的现象。

7. 过充电

当电芯或电池完全充电后继续进行充电。

8. 过放电

当电芯或电池完全放电后继续进行放电。

9. 循环次数（次）

蓄电池的工作是一个不断充电—放电—充电—放电的循环过程，按一定标准的规定放电，当蓄电池的容量降到某一个规定值以前就要停止继续放电，然后就需要充电才能继续使用。在每一个循环中，蓄电池中的化学活性物质，要发生一次可逆性的化学反应。

随着充电和放电次数的增加，蓄电池中的化学活性物质会发生老化变质，逐渐削弱其化学功能，使得蓄电池的充电和放电的效率逐渐降低，最后蓄电池将损失全部功能而报废。蓄电池充电和放电的循环次数与蓄电池的充电和放电的形式、蓄电池的温度和放电深度有关。放电深度"浅"时，有利于延长蓄电池的寿命。特别是蓄电池在电动汽车上的使用环境，包括蓄电池组中各个蓄电池的均衡性、安装/固定方式、所受的振动和线路的安装等，都会影响蓄电池的工作循环次数。蓄电池的循环寿命要求不低于 1000 次。

10. 自放电

自放电是蓄电池内部自发的或不期望的化学反应造成可用容量自动减少的现象。

11. 成本

蓄电池的成本与蓄电池的技术含量、材料、制作方法和生产规模有关，目前新开发的高质量能量密度的蓄电池成本较高，使得电动汽车的造价也较高。开发和研制高效、低成本的蓄电池是电动汽车发展的关键。

同时要求蓄电池无毒性、对周围环境不会造成污染或腐蚀，使用安全，有良好的充电性能，充电操作方便，充电时间短，耐振动，无记忆性，对环境温度变化不敏感，循环寿命长，制造成本低，易于调整和维护等。

三、混合动力汽车对动力蓄电池的性能要求

1. 混合动力汽车对动力蓄电池的工作要求（非外接充电）

与纯电动汽车相比，混合动力汽车对动力蓄电池的容量要求有所降低，但要能够根据整车要求实时提供更大的瞬时功率，即实现"小电池提供大电流"。

由于混合动力汽车构型的不同，串联式和并联式混合动力汽车对动力蓄电池的要求又有差别。

1）串联式混合动力汽车完全由驱动电机驱动，内燃机-发电机总成与动力蓄电池一起提供驱动电机需要的电能，动力蓄电池 SOC 处于较高的水平，对动力蓄电池的要求与纯电动汽车相似，但容量要小一些。

2）并联式混合动力汽车的内燃机和驱动电机都可直接对车轮提供驱动力，整车的驾驶需求可以由不同的动力组合结构来满足。动力蓄电池的容量可以更小，但是动力蓄电池瞬时提供的功率要满足汽车加速或爬坡要求，动力蓄电池的最大放电电流有时高达 $20C$（C 为按额定电流放电时的实际放电容量）以上。

在不同结构类型的混合动力汽车上，由于工作环境、汽车构型、工作模式的复杂性，对混合动力汽车用动力蓄电池提出统一的要求是比较困难的，一些典型、共性的要求如下：

1）动力蓄电池的峰值功率要大，能短时大功率充放电。

2）循环寿命要长，达到 1000 次以上的深度放电循环和 40 万次以上的浅度放电循环。

3）动力蓄电池的 SOC 应尽可能保持在 50%～85%。

4）需要配备蓄电池管理系统和热管理系统。

2. 可外接充电式混合动力汽车（PHEV）对动力蓄电池的工作要求

PHEV 对动力蓄电池的要求要兼顾纯电动和混合动力两种模式。如图 1-25 所示，PHEV 既要实现在城市里以纯电动汽车模式行驶，又要实现在高速公路上以混合动力汽车模式行驶（动力蓄电池电量也在消耗）。PHEV 期望纯电动工作模式的行驶里程达到几十公里，而且期望动力蓄电池在低 SOC 时也能提供很高的功率水平。

四、动力蓄电池

1. 铅酸蓄电池

正极活性物质使用二氧化铅，负极活性物质使用铅，并以硫酸溶液为电解液的蓄电池称为铅酸蓄电池。铅酸蓄电池广泛用于燃油汽车的起动。电动汽车用的铅酸蓄电池要

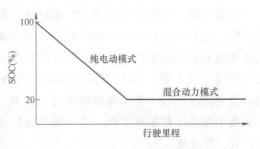

图 1-25　PHEV 的工作模式

求有高的质量能量密度和比功率,高的循环次数和使用寿命,以及快速充电性能等。随着铅酸蓄电池技术的发展,适合电动汽车的各种新型蓄电池不断出现,性能也不断提高。

铅酸蓄电池一般分为免维护铅酸蓄电池和阀控密封式铅酸蓄电池。

免维护铅酸蓄电池具有自身结构上的优势,电解液的消耗量非常小,在使用寿命内基本不需要补充蒸馏水。

阀控密封式铅酸蓄电池分为 AGM(吸液式)蓄电池和 GEL(胶体)蓄电池两种。AGM 蓄电池采用吸附式玻璃纤维棉作隔膜,电解液吸附在极板和隔膜中,蓄电池内无流动的电解液,蓄电池可以立放工作,也可以卧放工作;GEL(胶体)蓄电池以 SiO_2 作为凝固剂,电解液吸附在极板和胶体内,一般立放工作。如果无特殊说明,阀控密封式铅酸蓄电池皆指 AGM 蓄电池。电动汽车使用的动力蓄电池一般是阀控密封式铅酸蓄电池。铅酸蓄电池主要用于电动旅游观光车、电动高尔夫车、电动叉车、电动巡逻车、电动清洁车和低速电动汽车。

2. 金属氢化物镍蓄电池

金属氢化物镍蓄电池属于碱性电池,是 20 世纪 90 年代发展起来的一种新型绿色电池,20 世纪 90 年代随着电动汽车尤其是混合动力汽车的规模化而得到广泛应用。

金属氢化物镍蓄电池具有无污染、高比能、大功率、快速充放电、耐用等优点。与铅酸蓄电池相比,金属氢化物镍蓄电池具有比能量高、质量轻、体积小、循环寿命长的特点。

3. 锂离子蓄电池

锂离子蓄电池出现在 20 世纪 90 年代初期,在短短十几年的时间里就得到了迅猛的发展,被认为是未来极具发展潜力的动力蓄电池。与其他动力蓄电池比较,锂离子蓄电池具有电压高、质量能量密度高、充放电寿命长、无记忆效应、无污染、快速充电、自放电率低、工作温度范围宽和安全可靠等优点。相比于金属氢化物镍蓄电池,混合动力汽车采用锂离子蓄电池,可使动力蓄电池的重量减轻 40%~50%,体积减小 20%~30%,能源效率也有一定程度的提高。

五、蓄电池管理系统

蓄电池管理系统(Battery Management System,BMS)是整车能源管理系统的一个子系统,为保护动力蓄电池的电力性能,合理地使用和管理动力蓄电池的电能,为电动汽车驾驶人提供和显示动力蓄电池的动态变化参数等,是电动汽车节能、减排和延长电动汽车续驶里程的一个重要的管理机构。BMS 的主要功能见表 1-2。

表 1-2 蓄电池管理系统的主要功能

关键技术项目	相关系统和装置	功　能
建立电池模型	—	描述电池参数的动态变化规律,用数学方程表达,用于动力蓄电池系统仿真
数据检测及采集	集中式或分布式检测装置	单体蓄电池电压、电流和动力蓄电池总电压、总电流的检测及采集,控制均衡充放电策略
能量管理	电池管理器模块	根据蓄电池的电压、电流和荷电状态控制蓄电池的充放电,防止过充电和过放电
状态估算	电池管理器模块	根据动力蓄电池荷电状态和 SOH(健康状态)的算法,估算其循环寿命(衰减)状态

(续)

关键技术项目	相关系统和装置	功能
热量管理	热量检测模块及传感器	冷却系统和冷却装置(风扇或液泵)的检测及控制
数据处理与通信	串行通信接口，CAN总线	单体蓄电池采用串行通信接口，整车管理系统采用CAN总线
数据显示	仪表、显示器	动力蓄电池实现对电压、电流、SOC、剩余电量、温度等数据的显示和故障报警
安全管理	自动断电、报警	动力蓄电池过充电、过放电、过电压、过电流、高温等危险状态自动切断电源并报警

六、电动汽车动力蓄电池充电机

1. 电动汽车动力蓄电池充电机的基本功能

电动汽车动力蓄电池充电机的基本功能有3个，即对市电（即工频交流电，交流电常用电压、电流、频率3个量来表征。世界各国的常用交流电工频频率有50Hz与60Hz两种，民用交流电压分布由100~380V不等）进行电力变换并提供直流电；供给与动力蓄电池额定条件相对应的电力；当动力蓄电池充满后自动停止充电。

2. 电动汽车动力蓄电池充电机的分类

根据充电机是装在车内还是车外，充电机可分为车载式和非车载式两种。车载充电机一般设计为小充电率，它的充电时间较长（一般是5~8h）。由于电动汽车质量和体积的限制，车载充电机要求尽可能体积小、质量小（一般小于5kg）。因为充电机和蓄电池管理系统（负责监控蓄电池的电压、温度和荷电状态等）都装在车上，所以它们相互之间容易利用电动汽车的内部线路网络进行通信。非车载充电机和蓄电池管理系统在物理位置上是分开的，因而非车载充电机一般设计为大充电率，质量和体积也较大。根据蓄电池管理系统提供的关于蓄电池的类型、电压、温度和荷电状态的信息，非车载充电机选择一种合适的充电方式为动力蓄电池充电，以避免动力蓄电池的过充和过热。

根据给电动汽车动力蓄电池充电时的能量转换方式的不同，充电机可分为接触式（Conductive，也称耦合式或传导式）和感应式（Inductive）两种，如图1-26和图1-27所示。

（1）接触式　接触式充电系统是将一根带插头的交流动力电缆线直接插到电动汽车的插座中给动力蓄电池充电。接触式充电系统简单、效率高，采用插头与插座的金属接触来导电，充分利用了其技术成熟、具有工艺简单和成本低廉的优点。接触式充电机的不足主要是充电电流小，充电时间长。

（2）感应式　感应式充电机是通过电磁感应耦合的方式进行能量转换而给动力蓄电池充电的。利用高频变压器原理，高频变压器的一次绕组装在充电机上，另一次绕组装在电动汽车上。充电机将50~60Hz的普通电转换成80~300Hz的高频电，然后将高频交流电感应到电动汽车上。在整流电路的作用下，将高频交流电变换为能够为动力蓄电池充电的直流电。由于主充电过程中充电机与电动汽车之间无任何金属接触，使得电动汽车的充电更为安全可靠。感应式充电相对于接触式充电而言有着明显的优点，它也可以在暴风雨雪等恶劣天气条件下进行安全的充电，充电时间大大缩短。感应式充电机的主要缺点是投资成本高，而且充电时不可避免地有感应损耗。

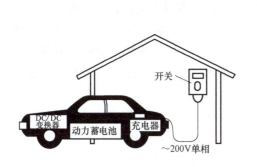
图1-26 电动汽车的接触式充电系统

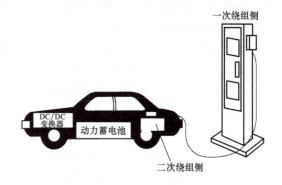
图1-27 电动汽车的感应式充电系统及充电机

七、单体蓄电池的检测

1）连接好蓄电池内阻测试仪。
2）打开蓄电池内阻测试仪。
3）对蓄电池内阻测试仪的电阻和电压进行校零。
4）用红表笔连接单体蓄电池的正极，黑表笔连接单体蓄电池的负极，这时候蓄电池内阻测试仪上就会显示单体蓄电池的电压和内阻。

八、动力蓄电池的自诊断

以比亚迪秦 Pro 混合动力电动汽车为例。
1）在车辆未起动的情况下，连接好诊断仪。
2）起动车辆。
3）打开诊断仪，按照诊断仪的菜单提示进行诊断（以道通诊断仪为例）：诊断→比亚迪→手动选择车型→秦→秦 Pro_ 混动→诊断→控制单元→动力网→蓄电池管理系统。
4）进入蓄电池管理系统后，可以执行读取故障码的功能。
5）执行读取数据流的功能。
6）执行动作测试功能。

单体蓄电池的检测

动力蓄电池的自诊断

课题五 混合动力汽车驱动电机分析

一、电动汽车对驱动电机性能的基本要求

汽车行驶时需要频繁地起动、加速、减速、停车等，在低速行驶和爬坡时需要大转矩，在高速行驶时需要降低转矩和功率。为了满足汽车行驶动力性的需要，获得好的经济性和环境指标等，就对驱动电机提出了十分严格的要求：

1）电压高。采用高电压可以减少电机和导线等装备的尺寸、降低逆变器的成本和提高能量转换效率等。

2）高转速。驱动电机的功率 P 与其转矩 M 和转速 n 成正比，即 $P \propto Mn$，因此，在 M 一定的情况下，提高 n 则可以提高 P；而在 P 一定的情况下，提高 n 则可降低驱动电机的

M。因此采用高转速驱动电机是电动汽车发展的趋势之一。现代电动汽车的高转速驱动电机的转速可以达到 8000~12000r/min，由于体积和质量都小，有利于降低整车的整备质量。

3）转矩密度、功率密度大，质量小，体积小。转矩密度、功率密度大指最大转矩体积比和最大功率体积比。转矩密度、功率密度越大，HEV 驱动电机系统占用的空间越小。可采用铝合金外壳等降低驱动电机的重量，各种控制装置和冷却系统的材料等也应尽可能选用轻质材料。

4）具有较大的起动转矩和较大范围的调速性能，以满足起动、加速、行驶、减速、制动等所需的功率与转矩，减轻操纵强度，提高舒适性，能达到内燃机汽车同样的控制响应。

5）需要有 4~5 倍的过载，以满足短时加速行驶与最大爬坡度的要求。

6）具有高的可控性、稳态精度、动态性能，以满足多部驱动电机协调运行。

7）机械效率高、损耗少。

8）可兼做发电机使用。在车辆减速时，可进行制动能量回收，即再生制动，将一部分能量转化为电能储存在储能装置内。

9）电气系统安全性和控制系统的安全性应达到有关的标准和规定，必须装备高压保护装置以保证安全。

10）能够在恶劣条件下可靠工作。驱动电机应具有高的可靠性、耐低温和高温性、耐潮湿，并且运行时噪声低，能够在恶劣的环境下长时间工作。

11）结构简单，适合大批量生产，使用维修方便，价格便宜等。

12）散热性好。

二、电动汽车驱动电机系统的组成

驱动电机系统的基本组成框图如图 1-28 所示。驱动电机系统是电动汽车的心脏，它由驱动电机、功率变换器、控制器、各种检测传感器和电源（动力蓄电池）组成，其任务是在驾驶人的控制下，高效率地将动力蓄电池的电量转化为车轮的动能，或者将车轮的动能反馈到动力蓄电池。

电动汽车驱动电机系统的组成

功率变换器按所选电机类型，有 DC/DC 变换器、DC/AC 变换器等形式，其作用是按所选驱动电机电流的要求，将动力蓄电池的直流电转换为相应电压等级的直流、交流或脉冲电源。

检测传感器主要对电压、电流、速度、转矩以及温度等进行检测，其作用是提高改善驱动电机的调速特性，对于永磁无刷电机或开关磁阻电机还要求有电机转角位置传感器。

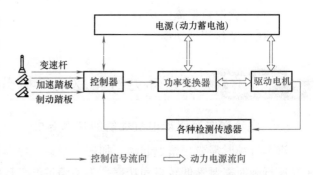

图 1-28 驱动电机系统的基本组成框图

控制器包括变速杆、加速踏板和制动踏板等，输入相应的前进、倒退、起步、加速、制动等信号，以及各种检测传感器反馈的信号，通过运算、逻辑判断、分析比较等适时向功率变换器发出相应的指令，使整个驱动系统有效运行。

三、电动汽车驱动电机的类型

混合动力汽车（HEV）是利用发动机和驱动电机共同来驱动车轮行驶的。驱动电机的种类很多，用途广泛，功率的覆盖面非常大，但 HEV 所采用的驱动电机种类较少，功率覆盖面也较小。

混合动力汽车在不同的历史时期采用了不同的驱动电机，最早是采用了控制性能好和成本较低的直流电机。随着电子技术、机械制造技术和自动控制技术的发展，交流电机、永磁电机和开关磁阻电机显示出比直流电机更加优越的性能，这些驱动电机正在逐步取代直流电机。图1-29是当代电动汽车所采用的各种电机，表1-3为当代混合动力汽车所采用的各种驱动电机的基本性能比较。

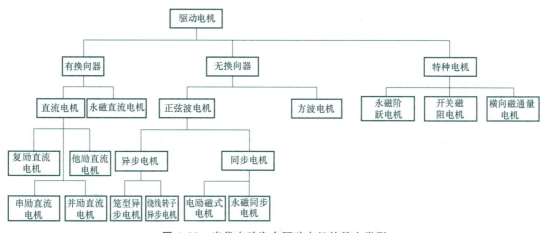

图 1-29　当代电动汽车驱动电机的基本类型

表 1-3　各种驱动电机的基本性能比较

项　　目	类　　型			
	直流电机	感应电机	永磁电机	开关磁阻电机
比功率	低	中	高	较高
过载能力	200%	300%~500%	300%	300%~500%
峰值效率	85%~89%	94%~95%	95%~97%	90%
负荷效率	80%~87%	90%~92%	85%~97%	78%~86%
功率因数	—	82%~85%	90%~93%	60%~65%
恒功率区	—	1∶5	1∶2.25	1∶3
转速范围/(r/min)	4000~6000	12000~20000	4000~10000	>15000
可靠性	一般	好	优	良好
结构的坚固性	差	好	一般	优良
外廓	大	中	小	小
质量	大	中	小	小
控制操作性能	最好	好	好	好
控制器成本	低	高	高	一般

四、直流电机

在早期开发的 HEV 和 EV 上多采用直流电机。直流电机的优点是具有优良的电磁转矩控制特性，控制装置简单、价廉、技术成熟。直流电机由定子与转子两大部分构成，结构如图 1-30 所示，但是由于在运行过程中需要电刷和换向器换向，因而直流电机本身的效率低于交流感应电机，同时，电刷需要定期维护，造成了使用的不便。此外，直流电机质量大、体积大、价格高，这些因素限制了其在电动汽车中的使用。在新研制的 HEV 和 EV 上已基本不采用直流电机。

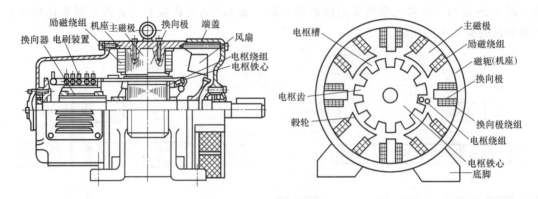

图 1-30 直流电机的结构

五、交流电机

交流电机可分为同步电机和异步电机两类。如果电机转子的转速 n 与定子旋转磁场的转速 n_1 相等，则转子与定子旋转磁场在空间同步地旋转，这种电机称为同步电机。如果 n 不等于 n_1，则转子与定子旋转磁场在空间旋转时不同步，称为异步电机。三相异步电机有笼型异步感应电机和绕线式异步感应电机两种。由于绕线式异步感应电机成本高、需要维护、缺乏坚固性，因而没有笼型异步感应电机应用广泛，特别是在电动汽车的电力驱动中。

交流感应电机主要由定子和转子两大部分组成，定子和转子之间是气隙，如图 1-31 和图 1-32 所示。定子是用来产生旋转磁场的，它由机座、定子铁心、定子绕组、铁心外壳、

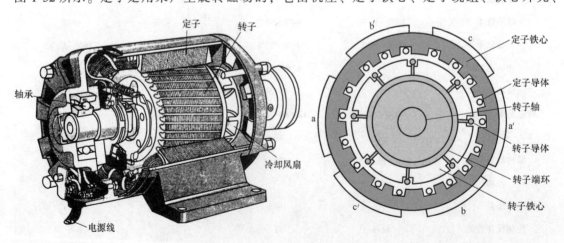

图 1-31 交流感应电机的结构　　图 1-32 交流感应电机横断面

支撑转子轴的轴承等组成。转子由转子铁心、转子绕组和转子轴等组成。转子铁心和定子铁心由薄硅钢片叠加而成。笼型转子采用铜条减少线圈损失，定子铁心采用 C 级绝缘，可直接用低黏度的油来冷却，采用铸铝机座来减小电机总质量。

交流感应电机控制系统的主要作用是为电机提供变压、变频电源，同时其电压和频率能够按照一定的控制策略进行调节，以使驱动系统具有良好的转速特性。

感应电机的基本调速方式有：调压调速、变极调速和变频调速 3 种。

六、交流永磁电机

1. 交流永磁电机的种类及特点

（1）种类 交流永磁电机主要包括永磁同步电机（Permanent Magent Synchronous Motor，PMSM）和无刷直流电机（Brushless DC Motor，BLDCM）两大类。两者最主要的区别在于永磁体励磁磁场在定子绕组中感应出的电动势波形：永磁同步电机感应出的电动势波形是正弦波，无刷直流电机感应出的电动势波形是梯形波。交流永磁电机采用稀土永磁体励磁，与感应电机相比不需要励磁电路，具有效率高、功率密度大等特点，在中小功率的驱动系统中有优势，目前在电动汽车中得到了一定的应用。

（2）特点

1）永磁同步电机的效率高、体积小、质量轻、控制精度高、转矩脉动小等，但是控制器较复杂，因此造成其成本偏高。

2）无刷直流电机外特性曲线类似于永磁直流电机，特性较硬（所谓硬是指特性曲线的斜率很小，电机转速不易受外界条件影响），但是由于没有电刷和换向器，所以可以在高速下运行，因此体积和质量可以减小，同时提高了可靠性，而且无刷直流电机的控制相对简单。但是受绕组电感的影响，无刷直流电机的电流不可能是理想的方波，在换向时会发生相电流的重叠，从而引起转矩产生一些波动。

2. 永磁电机的结构

永磁同步电机是用永磁体取代绕线式同步电机转子中的励磁绕组，从而省去了励磁线圈、集电环和电刷。永磁电机转子分为凸装式、嵌入式和内埋式 3 种基本结构，前两种形式又称为外装结构。

凸装式转子永磁体的分类如图 1-33 所示。图 1-33a 所示为具有圆套筒形整体磁钢，每极磁钢的宽度与极距相等，可提供接近梯形的磁场分布，在小直径转子的电机中，可以采用这种径向异极的永磁环，但在大容量电机中，必须利用若干个分离的永磁体。如果永磁体厚度

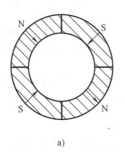
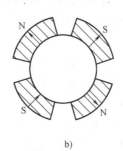
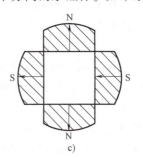

图 1-33 凸装式转子永磁体的分类

a）圆套筒形 b）瓦片形 c）扇形

一致，宽度小于一个极距，则整个磁场分布接近为梯形。

3. 永磁无刷直流电机

（1）永磁无刷直流电机的结构　在直流电机的转子上装置永久磁铁，转子采用径向永久磁铁制成的磁极，将磁铁插入转子内部，或将瓦形磁铁固定在转子表面上，电机的转子磁路是各向均匀的，转子上不再用励磁绕组、集电环和电刷等来为转子输入励磁电流，因此，称为永磁无刷直流电机，如图1-34所示。

（2）永磁无刷直流电机的性能　永磁无刷直流电机的优点是效率高（比交流电机高6%）、高速操作性能好、无电刷、结构简单牢固、免维护或少维护、尺寸小、质量小，输出转矩与转动惯量的比值大于相类似的三相感应电机。永磁电机在材料的电磁性能、磁极数量、磁场

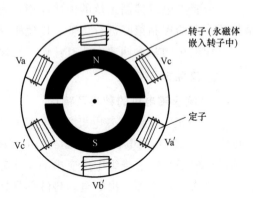

图1-34　永磁无刷直流电机的结构

衰退等多方面的性能都优于其他种类的电机。但如果输入的波形不好，会发生较大的脉动转矩和冲击力，影响电机的低速性能，从而造成电流损耗大、工作噪声大。

（3）永磁无刷直流电机的控制系统　永磁无刷直流电机具有很高的功率密度和较宽的调速范围。永磁无刷直流电机的控制系统较为复杂，有多种控制策略。

永磁无刷直流电机的控制系统由直流电源、电容器、绝缘栅双极晶体管（IGBT）、永磁无刷直流电机（PMBDC）、电机转轴位置检测器（PS）、逻辑控制单元、120°导通型脉宽调制信号发生器（PWM）驱动电路和其他一些电子器件组成。

4. 永磁磁阻同步电机

（1）永磁磁阻同步电机的结构　永磁磁阻同步电机将永久磁铁取代他励同步电机的转子励磁绕组，电机的定子与普通同步电机两层六极永磁磁阻同步电机的定子和转子一样，如图1-35所示。转子采用径向永久磁铁制成的多层永磁磁极，形成可同步旋转的磁极。永磁磁阻同步电机具有高效率（达97%）和高比功率（远远超过1kW/kg）的优点，输出转矩与转动惯量的比值都大于相类似的三相感应电机，在高速转动时有良好的可靠性，平稳工作时电流损耗小。永磁磁阻电机在材料的电磁性能、磁极数量、磁场衰退等多方面的性能都优于其他种类的电机，工作噪声也低。

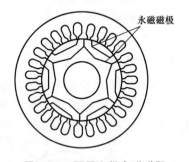

图1-35　两层六极永磁磁阻同步电机的定子和转子

（2）永磁磁阻同步电机的控制系统　永磁磁阻同步电机采用带有矢量变换电路的逆变器系统来控制。永磁磁阻同步电机的控制系统由直流电源、电容器、绝缘栅双极晶体管（IGBT）、永磁同步电机（PMSM）、电机转轴位置检测器（PS）、速度传感器、电流检测器、驱动电路和其他一些电器组成。

（3）永磁磁阻同步电机的机械特性　由于永磁磁阻同步电机在牵引控制中采用矢量控制方法，在额定转速以下恒转矩运转时，就使定子电流相位领先一个β角，一方面可以增加电机的转矩，另一方面由于β角领先产生的弱磁作用，使电机额定转速点升高，增大了电机

在恒转矩运转时的调速范围。如果 β 角继续增加，电机将运行在恒功率状态。永磁磁阻同步电机能够实现反馈制动。

七、驱动电机的自诊断

以比亚迪秦 Pro 混合动力电动汽车为例。

1）在车辆未起动的情况下，连接好诊断仪。

2）起动车辆。

驱动电机的自诊断

3）打开诊断仪，按照诊断仪的菜单提示进行诊断（以道通诊断仪为例）：诊断→比亚迪→手动选择车型→秦→秦 Pro_ 混动→诊断→控制单元→ECM 网→BSG（Belt-Driven Starter Generator，带驱动起动机-发电机）。

4）进入 BSG 后，可以执行读取故障码的功能。

5）执行读取数据流的功能。

单元二 02 混合动力汽车电子器件和功率变换器分析

课题一　DC/DC 变换器分析

一、概述

混合动力汽车的电力驱动系统主要由驱动电机、逆变器、DC/DC 变换器、动力电源（有降压型、升压型和双向型 3 种）、辅助蓄电池（12V 的蓄电池）、动力电源 ECU 和 HV ECU 等组成，如图 2-1 所示。由于各个器件作用的不同，各自所需的功率等级、电压高低、电流大小、安全可靠性、电磁兼容性等指标也不同，并且对电源的种类有要求直流的，也有要求交流的。HEV 电子设备的这些要求主要通过功率变换器——交流-直流（AC/DC）变换器、直流-直流（DC/DC）变换器、直流-交流（DC/AC）变换器（逆变器）等完成，这些功率变换器通常由一系列的电力电子器件组成，因此 HEV 已成为电力电子器件的重要应用领域之一。

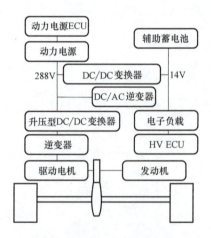

图 2-1　混合动力汽车电力驱动系统示意图

二、电力电子器件的基本概念

电力电子技术是应用于电力领域的电子技术，也就是使用电力电子器件对电能进行变换和控制的技术，其转换的功率为 1W~1GW。电能变换和控制过程中使用的电子器件被称为电力电子器件，其主要特点是处理电功率的能力远大于处理信息的电子器件。

由于电力电子器件处理的电功率较大，为了减小本身的损耗并提高效率，一般都工作在开关状态。电力电子器件在实际应用中往往由信息电子电路来控制，并采用信息电子电路作为电力电子器件的驱动电路。电力电子器件尽管工作在开关状态；但是自身的功率损耗通常远大于信息电子器件，为了保证不至于因损耗散发的热量导致器件温度过高而损坏，不仅在器件封装上考虑散热设计，而且在其工作时一般需要设计安装散热器。

电力电子器件按照能够被控制电路信号控制的程度分为不控器件（电力二极管）、半控器件（晶闸管等）、全控器件（门极可关断晶闸管、绝缘栅双极晶体管、电力场效应晶体管等）3 类。常见的电力电子器件的等效电路及特点等见表 2-1，这些电力电子器件是 HEV 的电力驱动系统常见器件的一部分。

表 2-1 电力电子器件的等效电路及特点

名称	电气图形符号及等效电路	主要特点
电力二极管		不能用控制信号控制其通断，不需要驱动电路，只有两个端子
晶闸管		半控型器件，通过控制信号可控制其导通而不能控制其关断
门极可关断晶闸管（GTO）		全控型器件，具有很高的正、反向阻断电压的能力和电流导通能力，较短的导通和关断时间，较小的控制功率
电力（大功率）晶体管（GTR）		全控型器件，与普通的双极结型晶体管基本原理相同，主要特性是耐高压、电流大、开关特性好
电力场效应晶体管（MOSFET）		开关时间短，导通电阻较大。目前的容量水平为 50A/500V，频率为 100kHz
绝缘栅双极晶体管（IGBT）		全控型器件，通过控制信号即可控制其导通又能控制其关断，是 GTR 和 MOSFET 复合的产物，结合了两者的优点，具有良好的特性。目前的容量水平为（1200~1600）A/（1800~3330）V，频率为 40kHz

三、DC/DC 变换器的功用

在电动汽车的电子系统或设备中，系统中的直流总线不可能满足性能各异、种类繁多的元器件（包括集成组件）对直流电源的电压等级、稳定性等要求，因而必须采用各种 DC/

DC 变换器来满足电子系统对直流电源的各种需求。DC/DC 变换器的直流输入电源可来自系统中的蓄电池，也可来自直流总线。车载的动力蓄电池和辅助电源工作时，其电压稳定性能差并且会有较高的噪声。

传统汽车依靠发动机带动交流发电机来发电以供给附属电器设备和辅助电源。由于纯电动汽车和燃料电池电动汽车无发动机，混合动力汽车的发动机并不是一直工作，并且多带有"自动怠速停止与起动"装备，因此电动汽车无法使用交流发电机提供电源，必须靠动力蓄电池向附属用电设备及其电源（辅助电源）供电，故 DC/DC 变换器成为其必备设备。电动汽车的 DC/DC 变换器的主要功能是给车灯、ECU（Electric Control Unit）、小型电器等车辆附属设备供给电力和向辅助电源充电，其作用与传统汽车的交流发电机相似。

HEV 对 DC/DC 变换器的要求主要有以下几点：

1）尽可能高的转换效率，至少 50% 以上。
2）具有输出、输入端的隔离效果。
3）具有短路保护功能和过电压保护功能。

四、DC/DC 变换器的分类

根据不同的分类方法，DC/DC 变换器被分为不同的种类，常见的分类方法有以下 4 种：

1）根据 DC/DC 变换器的拓扑结构分为正激型、反激型、升压型、降压型、升/降压型、反相型、推挽式正激型、半桥式正激型和全桥式正激型。

2）根据开关控制方式分为脉宽调制式 PWM（Pulse Width Modulation），脉冲频率调制式 PFM（Pulse Frequency Modulation），脉宽、频率混合调制式"硬开关电路"，电压或零电流"软开关"PWM 电路和各种谐振式、准谐振式变换器等。

3）根据负极与车身绝缘与否，DC/DC 变换器分为非绝缘型和绝缘型两类，非绝缘型的特点是负极与车身相连；绝缘型的特点是负极与车身绝缘。

4）根据功率变换器的特点可分为电压源变换器、电流源变换器和 Z 源变换器 3 类。电压源变换器和电流源变换器是传统的 DC/DC 变换器，Z 源变换器是一种新型变换器，它引进了一个阻抗变换，将主变换器电路与电源或负载耦合，其电源既可以为电压源也可以为电流源。Z 源变换器的直流电源可以是任意的，如电池、二极管整流器、晶闸管变流器、燃料电池堆、电感、电容器或它们的组合等。

五、DC/DC 变换器的工作原理

1. PWM 法和 PFM 法

DC/DC 变换器也称为斩波器，通过对电力电子器件的通断控制，将直流电压断续地加到负载上，通过改变占空比改变输出电压平均值，其基本原理如图 2-2 所示。其中，U_d 为直流电源的电压，R 为电路电阻。开关管 K 断开时，输出电压等于 0；开关管 K 导通时，输出电压等于 U_d。K 导通和断开时输出端电压随时间的变化如图 2-2b 所示，输出电压的平均值为 U_o。

若用 T_s 表示开关周期，t_{on} 表示开关管导通时间，D 表示开关占空比，其中 $D=\dfrac{t_{on}}{T}$，$U_o=\dfrac{U_d t_{on}}{T_s}=DU_d$。

由此可见，保持 T 不变，改变开关管导通时间 t_{on} 即可改变 U_o，这种方法通常称为脉宽调制式 PWM 法；若保持并关管导通时间 t_{on} 不变，改变开关周期 T_s，同样可改变 U_o，这种方法通常称为脉冲频率调制式 PFM 法。PWM 法和 PFM 法是 DC/DC 变换器最常用的两种方法。

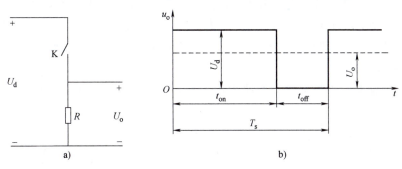

图 2-2 基本的 DC/DC 变换器和它的输出波形

2. 降压型变换器

降压型变换器的原理如图 2-3 所示，降压型变换器在开关 K 导通时，就会有电流流过电感器件 L，使能量储存在电感上；而当开关断开时，电感上的能量会释放到负载上以维持电压输出。降压型变换器输出电压的高低与开关 K 的工作周期大小以及每个周期中开关导通时间 t_{on} 和断开时间 t_{off} 的长短有关（图 2-4）。开关导通和断开时的电

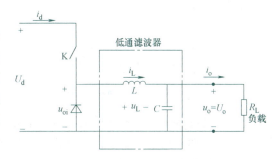

图 2-3 降压型 DC/DC 变换器电路原理图

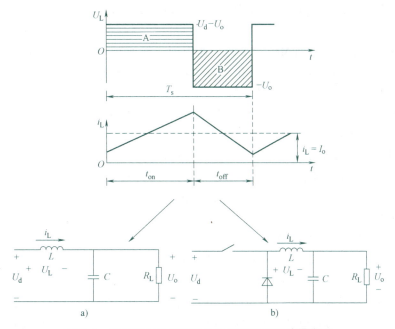

图 2-4 降压型变换器开关导通和关闭时的等效电路
a) 开关管导通时的等效电路 b) 开关管断开时的等效电路

感器件上的电压 U_L 和电流 i_L 的变换如图 2-4 所示，负载 R_L 的平均电流为 I_o，电压为 I_oR_L，低于输入电压 U_d。

实际降压型变换器中通常用 MOSFET 替代图 2-3 中开关 K，并且用控制电路控制 MOSFET 的导通与断开，其电路组成如图 2-5 所示。为了达到所需的电压值，通常采用回馈电路把输出电压反馈到控制电路，并和参考电压做比较，以决定 MOSFET（图 2-5 中 S_1）的工作周期或开关导通时间 t_{on} 和断开时间 t_{off} 的长短，以得到稳定的输出直流电。

3. 升压型变换器

升压型变换器和降压型变换器所使用的组件种类相同，升压型变换器的电路原理如图 2-6 所示。

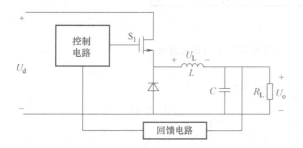
图 2-5　降压型变换器电路简图

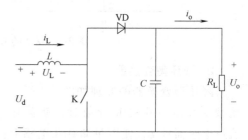
图 2-6　升压型变换器的电路原理

升压型变换器在开关 K 导通时，就会有电流流过电感器件 L 使能量储存在电感上；而当开关 K 断开时，由于楞次效应，电感电压反向，而且加上输入电压 U_d 通过二极管 VD 构成回路，使输出电压 U_o 大于输入电压 U_d。升压型变换器输出电压的高低与开关 K 的工作周期以及每个周期中开关导通时间 t_{on} 和断开时间 t_{off} 有关（图 2-6）。开关导通和断开时的电感器件上的电压 U_L 和电流 I_L 的变换如图 2-7 所示，负载 R_L 上的平均电流为 I_o，电压为 I_oR_L，高于输入电压 U_d。

实际中升压型变换器借助 MOSFET 的导通周期或导通时间 t_{on} 和断开时间 t_{off} 来控制输出电压的高低。升压型变换器中通常用 MOSFET 替代图 2-6 中开关 K 并且用控制电路控制 MOSFET 的导通与断开，其电路组成如图 2-8 所示。为了达到所需的电压值，通常采用回馈电路把输出电压反馈到控制电路，并和参考电压做比较，以决定 MOSFET（图 2-8 中的 S_1）的工作周期，得到稳定的输出直流电。

4. 非绝缘型和绝缘型变换器

非绝缘型和绝缘型变换器的特点分别是系统的零线与车身相接和断开（绝缘），图 2-9 和图 2-10 分别是主电源给辅助电源供电用的非绝缘型和绝缘型变换器的电路原理示意图，其区别是辅助电源的负极是否绝缘。

5. 升（降）压型双向变换器

图 2-11 是丰田汽车公司的 THS-Ⅱ 混合动力系统使用的升（降）压型双向变换器的原理示意图，主要由用于降压的 IGBT 开关型 S_{buck}、用于升压的开关型 S_{boost}、感性滤波器件和容性滤波器件组成。该变换器也被称为两象限双向断路器（Two-quadrant bi-directional Chopper），其两端分别与动力蓄电池和其他设备连接。升（降）压型双向变换器的原理是通过周期性地控制流过感应器电流的时间来实现想要得到的输出和输入电流之间的关系。

单元二 混合动力汽车电子器件和功率变换器分析

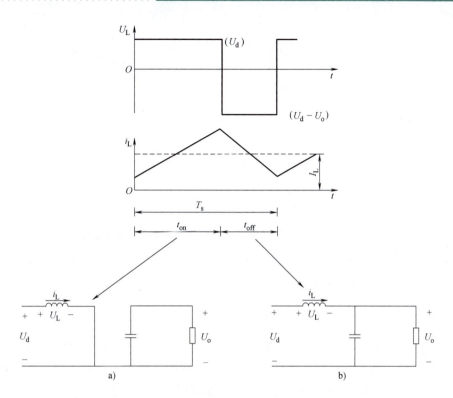

图 2-7 升压型变换器开关导通和断开时的等效电路
a)开关管导通时的等效电路 b)开关管断开时的等效电路

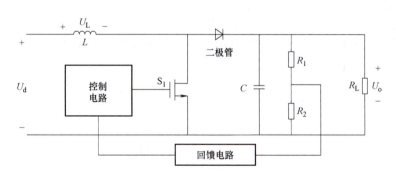

图 2-8 升压型变换器电路简图

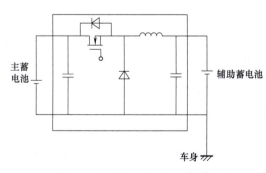

图 2-9 非绝缘变换器工作原理

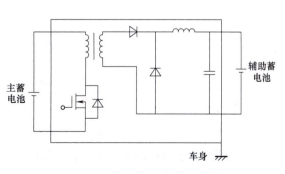

图 2-10 绝缘型变换器工作原理

39

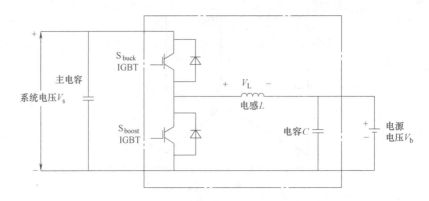

图 2-11 THS-Ⅱ升（降压）型双向变换器的原理示意图

假定 D 为占空比，即开关关闭的时间与开关周期之比；T_0 为在一个周期 T 内开关关闭的总时间；T_1 为开关打开的时间。则有：

$$D = \frac{T_0}{T_0 + T_1} = \frac{T_0}{T}$$

升压回路工作时的原理如图 2-12 所示，S_{buck} IGBT 始终打开，相当于一个二极管。当 S_{boost} IGBT 导通时，电流回路如图 2-12a 所示，蓄电池的电流流向电感器件，电感器件的电压 V_L 与电源电压 V_b 相等但相位相反；当 S_{buck} 断开时，电流回路如图 2-12b 所示，电感器件的电流流向系统回路，电感器件的电压 V_L 为系统电压 V_s 与电源电压之差。

可得升压比：

$$\beta_{boost} = \frac{V_s}{V_b} = \frac{1}{(1-D)}$$

可见，升压比的大小取决于占空比 D 的大小，D 越大则 β_{boost} 越大。

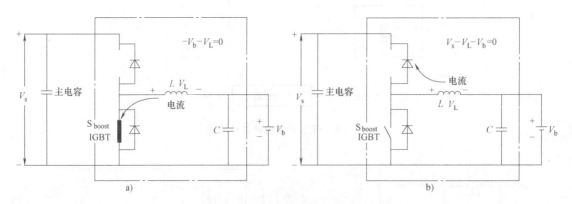

图 2-12 升压时的原理示意图
a）蓄电池对感应器充电　b）感应器升压

降压回路工作时的原理如图 2-13 所示，由于 S_{boost} 始终打开，S_{boost} IGBT 可以被忽略，看作一个功率二极管即可。当 S_{buck} 导通时，电流回路如图 2-13a 所示，系统的电流流向电感器件回路，电感器件的电压 V_L 为系统电压 V_s 与电源电压之差；当 S_{buck} 被断开时，电流回路如图 2-13b 所示，电感器件的电压 V_L 与电源电压相等但相位相反。

可得降压比：
$$\beta_{buck} = \frac{V_b}{V_s} = D$$

可见，降压比的大小取决于占空比 D 的大小，D 越大则 β_{buck} 越大。

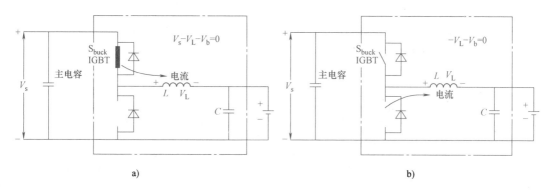

图 2-13　降压时的原理示意图
a) 蓄电池对感应器充电　b) 感应器降压

6. Z 源变换器

Z 源变换器的主要优点是输出电压可以根据需要升高或降低，变换效率高，并且其电源既可以为电压源又可以为电流源。图 2-14a 为 Z 源变换器在 HEV 上的应用方案，其作用是将动力电源的电压从 200V 升压到 500V 后输送到电机的逆变器；图 2-14b 为 Z 源变换器的一般拓扑结构，它由电感器件 L_1、L_2 和电容 C_1、C_2 接成×形。

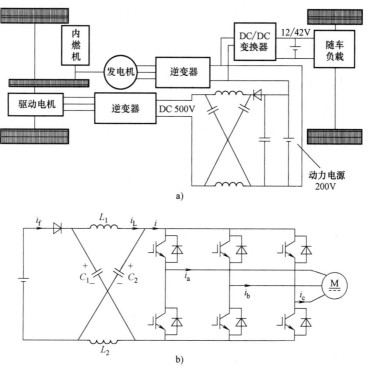

图 2-14　HEV 用 Z 源变换器

7. DC/DC 变换器的实际电路组成举例

DC/DC 变换器由功率回路和控制回路组成，实际 DC/DC 变换器电路的构成示意图如图 2-15 所示。功率变换电路以控制电路的驱动信号为基础，打开、关闭晶闸管的输入直流电，并将其变换为交流电压供给变压器。经过变压器变压之后的交流电压经整流二极管整流，整流后的断续直流电压经平滑电路平滑后对辅助电池充电，控制回路完成了以上功能外，还具有输出限流、输入过电压保护、过热保护和警报功能。

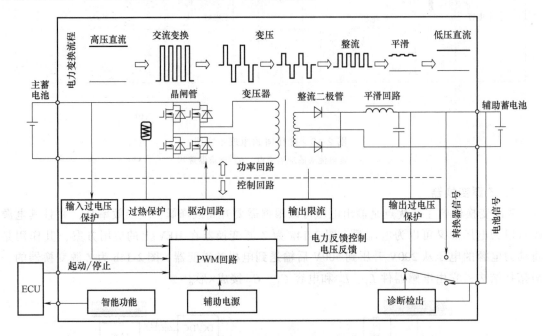

图 2-15 DC/DC 变换器电路的构成示意图

六、DC/DC 变换器的性能检测

1. DC/DC 功率变换模块稳压精度的检测方法

由于混合动力电动汽车用 DC/DC 变换器的输入电压在工作过程中会不断变化，因此，其输出电压和电流的波动大小就成为衡量其工作稳定性的一个重要指标。DC/DC 变换器的稳压精度 δ_u 就是衡量其输出电压稳定性的一个重要指标。δ_u 通常可由图 2-16 所示的电路测量得到。测量 δ_u 时使用的仪表主要有直流可变电源、直流电压表、直流电流表、可变直流负载（仪表应不低于 1.5 级）等。

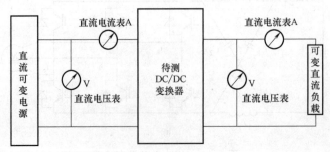

图 2-16 DC/DC 变换器性能测试图

2. δ_u 的测量步骤

1）用直流可变电源向 DC/DC 变换器先后输入额定直流电压、允许的最小电压和允许变化的最大电压。

2）调整可变直流负载使前述的 3 个不同输入电压下的可变直流负载的电流依次为额定值的 0%、50% 和 100%，把各个条件下的输出电压值分别记入表 2-2 中。

3）根据表 2-2 中记录的所测电压变化的极限值（最大值和最小值）U 和额定输出电压 U_o 值，由下式计算出不同输入电压条件下的稳压精度 δ_u。

$$\delta_u = \frac{U - U_o}{U_o} \times 100\%$$

表 2-2 DC/DC 变换器稳压精度测试记录表

输入电压	输出电压/V		
	空载	50%额定负载	100%额定负载
额定值			
允许最小值			
允许最大值			

3. DC/DC 变换效率的测量

DC/DC 变换效率公式为

$$\eta = \frac{I_o U_o}{I_i U_i} \times 100\%$$

式中　U_o——输出电压（V）；

　　　I_o——输出电流（A）；

　　　U_i——输入电压（V）；

　　　I_i——输入电流（A）。

七、混合动力电动汽车 DC/DC 变换器的检测

1. 准备工作

混合动力电动汽车车辆、数字式万用表、车外三件套、车内三件套、车轮挡块。

2. 检测步骤

1）停放好车辆。

2）安装好车轮挡块。

3）铺设好车内三件套。

4）打开前机舱，铺设好车外三件套。

5）经过允许后，起动电源开关，让车辆处于"READY"状态。

6）用万用表检测辅助蓄电池电压，此时电压应为 13.5~14.7V。如果低于 13.5V，说明 DC/DC 变换器损坏，需更换 DC/DC 变换器总成。

课题二　DC/AC 变换器分析

一、DC/AC 变换器的作用

DC/AC 变换器又叫逆变器，它是一种将直流电转变为交流电的电力电子器件，混合动

力汽车的DC/AC变换器的功用是将直流电变换为交流电，从而给交流驱动电机和单相交流用电器设备供电。

二、DC/AC变换器的分类

常见的DC/AC变换器可按输出波形、直流电源的性质、用途、换流方式和输出相数等分类。

1. 按输出波形分

一类是正弦波DC/AC变换器，另一类是方波DC/AC变换器。正弦波DC/AC变换器输出的是正弦波交流电，因为它不存在电网中的电磁污染。方波DC/AC变换器输出的是质量较差的方波交流电，其正向最大值到负向最大值几乎在同时产生，对负载和DC/AC变换器本身造成剧烈的不稳定影响，并且其负载能力差，仅为额定负载的40%~60%，不能带感性负载。

2. 按直流电源性质分

DC/AC变换器按直流电源性质可分为电压型DC/AC变换器和电流型DC/AC变换器。电流型DC/AC变换器的特点是直流电源接有很大的电感，从DC/AC变换器向直流电源看过去电源内阻很大，直流电流脉动很小。电压型DC/AC变换器的特点是直流电源接有很大的滤波电容，从DC/AC变换器向直流电源看过去电源为内阻很小的电压源，直流电压脉动很小。

3. 按换流方式分

DC/AC变换器按换流方式可分为外部换流DC/AC变换器和自换流DC/AC变换器两大类。外部换流包括电网换流和负载换流两种，自换流包括器件换流和强迫换流两种。

4. 按逆变分

DC/AC变换器按逆变可分为有源逆变DC/AC变换器与无源逆变DC/AC变换器两种。有源逆变与无源逆变的概念如图2-17所示。有源逆变是指把直流电逆变成与交流电压同频率的交流电馈送到电网中去；无源逆变指的是在逆变状态下，变换电路的交流侧不与交流电网连接，而直接与负载连接，将直流电逆变成某一频率或可调频率的交流电直接供给负载。

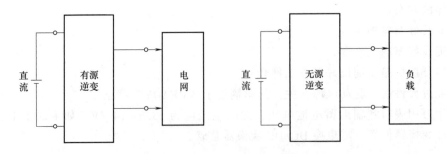

图2-17 有源逆变与无源逆变的概念

除电动汽车外，DC/AC无源逆变电路模块主要用于航天、航海、航空及通信系统等设备，它们的特点是体积小、质量小、稳定性好、噪声低、具有自动稳频稳压性能、谐波失真小、转换效率高、保护功能完善、可靠性高。

三、DC/AC 变换器的基本原理

1. 半桥逆变电路

半桥逆变电路有两个桥臂,每个桥臂由一个可控器件和一个反并联二极管组成,如图 2-18 所示。在直流侧接有两个相互串联的足够大的电容,两个电容的连接点是直流电源的中点。负载连接在直流电源中点和两个桥臂连接点之间。开关器件 V_1 和 V_2 栅极信号在一周期内各半周正偏、半周反偏,两者互补。当负载为感性时,工作波形如图 2-18b 所示。

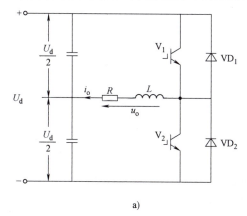
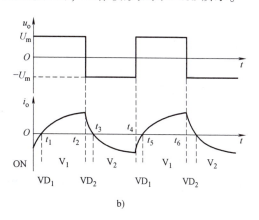

图 2-18 单相半桥电压型 DC/AC 变换器工作原理示意图
a) 单相半桥电压型逆变电路　b) 单相半桥电压型逆变电路工作波形

V_1 或 V_2 导通时,负载电流 i_o 和电压 u_o 同方向,直流侧向负载提供能量。VD_1 或 VD_2 导通时,i_o 和 u_o 反向,负载电感中储存的能量向直流侧反馈,输出电压 u_o 为矩形波,幅值为 $U_m = \dfrac{U_d}{2}$,输出电流 i_o 波形随负载情况而异。

t_2 时刻以前 V_1 通、V_2 断,t_2 时刻给 V_1 关断信号、给 V_2 导通信号,则 V_1 关断、V_2 导通。由于感性负载 L 中 i_o 不能立即改变方向,所以 VD_1、VD_2 导通续流。VD_1、VD_2、V_1、V_2 的导通顺序如图 2-18b 所示,依次为 $VD_1 \to V_1 \to VD_2 \to V_2 \to VD_1$,工作过程如此反复交替导通,即可得到交流电流。

半桥逆变电路的优点是简单,使用器件少;其不足是交流电压幅值为 $\dfrac{U_d}{2}$,直流侧需两电容器串联,要控制两者电压均衡,仅适用于功率为几千瓦以下的小功率逆变电源。

2. 全桥逆变电路

全桥逆变电路(图 2-19)是单相逆变电路中应用最多的。电压型全桥逆变电路可看成由两个半桥电路组合而成,共 4 个桥臂,桥臂 1 和 4 为一对,桥臂 2 和 3 为另一对,成对桥臂同时导通,两对交替各导通 180°;VD_1 和 VD_4、V_1 和 V_4、VD_3 和 VD_2、V_3 和 V_2 导通顺序为:VD_1 和 $VD_4 \to V_1$ 和 $V_4 \to VD_3$ 和 $VD_2 \to V_3$ 和 V_2。电压型全桥逆变电路输出电压 u_o 的波形是矩形波,幅值 U_m 与直流电源的电压 U_d 相等,即 $U_m = U_d$;输出电流 i_o 波形如图 2-19b 所示,与半桥逆变电路的波形相同,但幅值增加一倍。

3. 三相电压型逆变电路

3 个单相逆变电路可组合成一个三相逆变电路。图 2-20 为采用 IGBT 作为开关器件的电

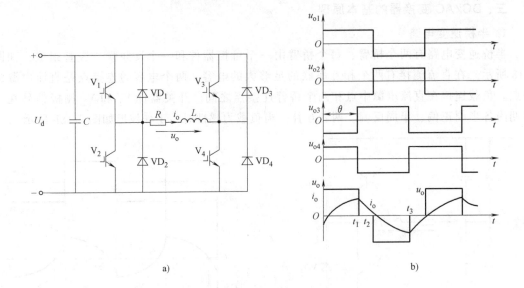

图 2-19 电压型全桥逆变电路的工作原理

a) 全桥逆变电路 b) 逆变电路工作波形

压型三相桥式逆变电路,它可看成由 3 个半桥逆变电路组合而成。

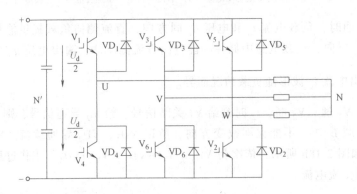

图 2-20 三相电压型桥式逆变电路

三相电压型桥式逆变电路是 180°导电方式,每桥臂导电角度为 180°,同一相上、下两臂交替导电,各相开始导电的角度依次相差 120°。在任一瞬间将有 3 个桥臂同时导通,每次换流都是在同一相上、下两臂之间进行,也称为纵向换流。负载各相到电源中点 N′ 的电压如图 2-21 所示。

对 U 相而言,当桥臂 1 导通时,$u_{UN'} = \dfrac{U_d}{2}$;当桥臂 4 导通时,$u_{UN'} = -\dfrac{U_d}{2}$,故 $u_{UN'}$ 的波形是幅值为 $\dfrac{U_d}{2}$ 的矩形波。同理可知,V、W 形两相情况和 U 相类似,$u_{VN'}$、$u_{WN'}$ 的波形形状与 $u_{UN'}$ 相同,只是依次相差 120°。由此可知,其负载线电压(u_{UV}、u_{VW}、u_{WU})和负载相电压(u_{UN}、u_{VN}、u_{WN})为

单元二 混合动力汽车电子器件和功率变换器分析

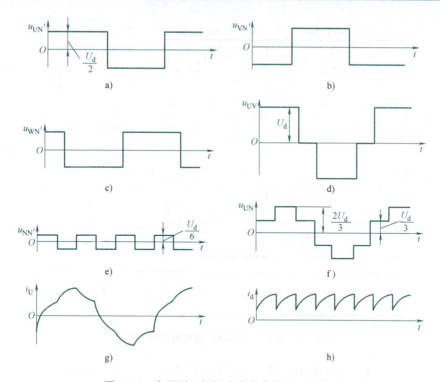

图 2-21 电压型三相桥式逆变电路的工作波形

$$\begin{cases} u_{UV} = u_{UN'} - u_{VN'} \\ u_{VW} = u_{VN'} - u_{WN'} \\ u_{WU} = u_{WN'} - u_{UN'} \end{cases} \quad (1)$$

$$\begin{cases} u_{UN} = u_{UN'} - u_{VN'} \\ u_{VN} = u_{VN'} - u_{WN'} \\ u_{WN} = u_{WN'} - u_{UN'} \end{cases} \quad (2)$$

若用 $u_{NN'}$ 表示负载中点 N 和电源中点 N' 之间的电压,则有

$$u_{NN'} = \frac{1}{3}(u_{UN'} + u_{VN'} + u_{WN'}) - \frac{1}{3}(u_{UN} + u_{VN} + u_{WN}) \quad (3)$$

由式 (1) 可知,$u_{UN} = u_{VN} + u_{WN} = 0$,于是式 (3) 可以写为

$$u_{NN'} = \frac{1}{3}(u_{UN'} + u_{VN'} + u_{WN'}) \quad (4)$$

可见,$u_{NN'}$ 也是矩形波,但其频率为 $u_{UN'}$ 频率的 3 倍,幅值为其 $\frac{1}{3}$,即为 $\frac{U_d}{6}$。利用式 (2) 和 (4) 可绘出 u_{UN}、u_{VN}、u_{WN} 的波形。当负载已知时,可由 u_{UN} 的波形求出 i_U 的波形,一相上、下两桥臂间的换流过程和半桥电路相似,桥臂 1、3、5 的电流相加可得直流侧电流 i_d 的波形,i_d 每隔 60° 脉动一次,直流侧电压基本无脉动,因此 DC/AC 变换器从交流侧向直流侧传送的功率是脉动的,这也是电压型逆变电路的一个特点。

4. 组合式 DC/AC 变换器

图 2-22 为组合式 DC/AC 变换器的驱动电路。绝缘栅双极晶体管 IGBT 是 HEV 电机驱动

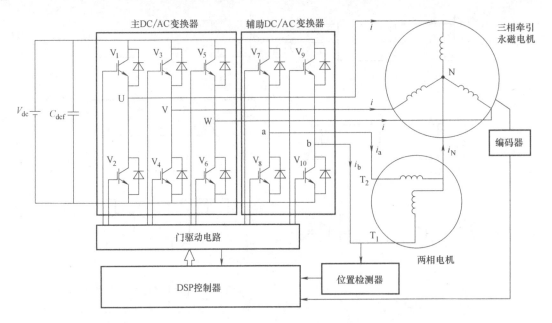

图 2-22 组合式 DC/AC 变换器的驱动电路

电路的重要器件,三相和两相电机的 DC/AC 变换器分别使用了 6 个 IGBT(图 2-22 中 $V_1 \sim V_6$)和 4 个 IGBT(图 2-22 中 $V_7 \sim V_{10}$)。动力蓄电池的直流电分别经过主、副逆变器后进入三相和两相电机之中。DSP 控制单元根据三相电机的编码器和两相电机的位置检测器的信号,通过门驱动电路控制 IGBT 的通断时间。

四、DC/AC 变换器性能参数的测量方法

1. DC/AC 变换器的交流输出电压稳定度测量

(1) DC/AC 变换器的交流输出电压稳定度测量电路　DC/AC 变换器的交流输出电压稳定度 δ_u 是衡量 DC/AC 变换器的一个重要指标。测量 δ_u 时使用的仪表主要有直流电压表、直流电流表、交流电压表、交流电流表、直流电源、交流可变负载(仪表不低于 1.5 级)等。试验电路如图 2-23 所示。

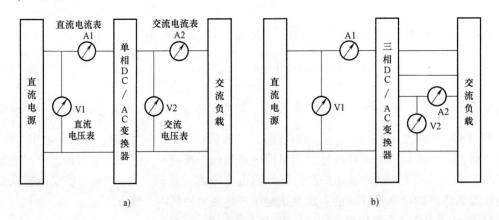

图 2-23 逆变设备性能试验电路图
a) 单相试验电路　b) 三相试验电路

(2) δ_u 测量步骤

1) 将 DC/AC 变换器直流输入电压、交流输出电压调整在额定值,将输出电流调整在额定值的 50%,并依次调整输出负载电流到额定值的 5% 和 100%,分别把各个条件下的输出电压值记录在表 2-3 中。

2) 调整直流输入电压到上限值和下限值,先将输出电流调整在额定值的 50%,再调整输出负载电流到额定值的 5% 和 100%,分别把输出电压值记录在表 2-3 中。

表 2-3 逆变器稳压精度测试记录表

输入交流电压	输出交流电压/V		
	5%额定电流	50%额定电流	100%额定电流
额定值			
上限值			
下限值			

3) 根据表 2-3 记录的测量值,用下式计算出稳压精度 δ_u。

$$\delta_u = -\frac{U-U_o}{U_o} \times 100\%$$

式中 U——测得输出交流电压的最大值或最小值;

U_o——输出交流电压额定值。

2. DC/AC 变换器的变换效率的测量

(1) DC/AC 变换器的变换效率测量电路 DC/AC 功率变换器的变换效率指当输入电压与负载电流为额定值时,输出有功功率与输入直流功率之比的百分数。它是 DC/AC 变换器非常重要的一个指标,逆变效率越高,动力蓄电池使用时间越久,DC/AC 变换器发热越小,一般应达到 90% 以上。

测量额定输出效率需使用的仪表主要有直流电压表、直流电流表或电力谐波分析仪、直流电源、交流负载(仪表不低于 1.5 级)等。试验电路如图 2-24 所示。

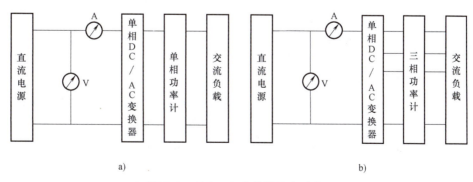

图 2-24 DC/AC 变换器效率测试图
a) 单相试验电路 b) 三相试验电路

(2) 测量步骤

1) 将 DC/AC 变换器的输入直流电压、输出交流电压和电流均调整为额定值。

2) 从测试仪表上读出输入直流电压和电流,输出有功功率值,用下式计算出效率 η。

$$\eta = \frac{P}{IU} \times 100\%$$

式中　P——输出有功功率；

　　　U——输入直流电压；

　　　I——输入直流电流。

五、混合动力电动汽车 DC/AC 变换器的检测

1. 准备工作

混合动力电动汽车或混合动力电动汽车的逆变器、带有二极管测试功能的万用表、绝缘手套、绝缘测试仪、护目镜、绝缘鞋、绝缘垫等。

2. 检测步骤

DC/AC 变换器又称为逆变器，以单独的逆变器为例进行检测。

1）做好安全防护工作。

2）确认无高压电和残余电荷后，分别确认 DC/AC 变换器的以下端子的位置：HV+（高压直流正极）、HV-（高压直流负极）、U（U 相）、V（V 相）、W（W 相）。

3）将万用表调到二极管档，按照表 2-4 所示的测量方法测量电压降。其标准值见表 2-4，若检测值与标准值不符，则更换总成。

表 2-4　DC/AC 变换器的检测位置和标准值

万用表红表笔位置	万用表黑表笔位置				
	HV+	HV-	U	V	W
HV+	—	无穷大	无穷大	无穷大	无穷大
HV-	0.6V	—	0.3V	0.3V	0.3V
U	0.3V	无穷大	—		
V	0.3V	无穷大		—	
W	0.3V	无穷大			—

课题三　AC/DC 变换器分析

一、AC/DC 变换器的功用

AC/DC 变换器也称整流器，其功用是将交流电能转换为直流电能，如将 220V 或 110V 的交流电压等转换成电子设备所需要的稳定直流电压等。电动汽车中 AC/DC 变换器的功能主要是将交流发电机发出的交流电转换成直流电提供给用电器或电能储能设备储存。

二、AC/DC 变换器的种类

在所有的电能基本转换形式中，AC/DC 变换器出现最早，自 20 世纪 20 年代以来已经历了旋转式变流机组（电机-发电机组）、静止式离子整流器（由充气闸流管和汞弧整流管组成）、静止式半导体整流器［低频型（相位控制）和高频型（PWM 控制）］3 个发展阶段。旋转式变流机组和离子式整流器的技术指标均不及半导体整流器，因而已被取代。按照电路中变流器件开关频率的高低，所有半导体变流电路可以分为低频（相控式）和高频

（PWM斩控式）两大类。按组成的器件可分为不可控、半控、全控3种AC/DC变换器；按电路结构可分为桥式电路和零式电路AC/DC变换器；按交流输入相数可分为单相电路和多相电路AC/DC变换器；按变压器二次电流的方向可分为单向或双向式AC/DC变换器。各种AC/DC变换器的区别在于其使用的整流电路，AC/DC变换器的整流电路种类如图2-25所示。

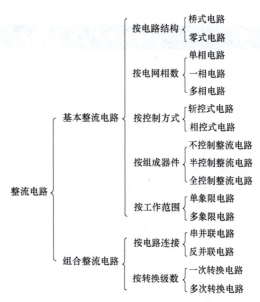

图2-25 AC/DC变换器的整流电路种类

三、AC/DC变换器的组成及工作原理

1. 三相桥式全控整流电路

三相桥式是应用最为广泛的整流电路，其电路原理如图2-26所示。三相交流电 u、v、w 经变压后分别介入晶闸管连线的 a、b、c 中，u、v、w 三相电压经过晶闸管 VT_1、VT_2、VT_3、VT_4、VT_5、VT_6 后进入负载，由于晶闸管的导通时间和顺序得到了控制，因而可以得到接近不变的直流电压。与阴极连接在一起的3个晶闸管是 VT_1、VT_3、VT_5，与阳极连接在一起的3个晶闸管是 VT_2、VT_4、VT_6。6个晶闸管导通顺序为 $VT_1 \rightarrow VT_2 \rightarrow VT_3 \rightarrow VT_4 \rightarrow VT_5 \rightarrow VT_6$。晶闸管及输出整流电压的情况见表2-5。每时刻导通的两个晶闸管分别对应阳极所接交流电压值最高的一个和阴极所接交流电压值最低的一个。

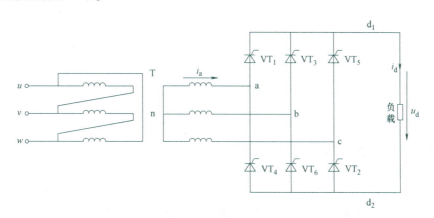

图2-26 三相桥式全控整流电路原理

表2-5 晶闸管输出整流电压的情况

时段	共阴极组中导通的晶闸管	共阳极组中导通的晶闸管	整流输出电压 u_d
Ⅰ	VT_1	VT_6	$u_a - u_b = u_{ab}$
Ⅱ	VT_1	VT_2	$u_a - u_c = u_{ac}$
Ⅲ	VT_3	VT_2	$u_b - u_c = u_{bc}$

（续）

时段	共阴极组中导通的晶闸管	共阳极组中导通的晶闸管	整流输出电压 u_d
Ⅳ	VT_3	VT_4	$u_b - u_a = u_{ba}$
Ⅴ	VT_5	VT_4	$u_c - u_a = u_{ca}$
Ⅵ	VT_5	VT_6	$u_c - u_b = u_{cb}$

a、b、c 的电压波形与输出电压 u_d 如图 2-27 所示。任意时刻共阴极组晶闸管和共阳极组晶闸管中各有一个导通。从线电压波形看，共阴极组晶闸管导通时，整流输出电压 u_{d1} 为相电压在正半周的包络线，共阳极组晶闸管导通时，整流输出电压 u_{d2} 为相电压在负半周的包络线，总的整流输出电压是两条包络线的差值即 $u_d = u_{d1} - u_{d2}$。将其对应在线电压波形上，即为线电压在正半周的包络线，从而实现了由交流到直流的变换。

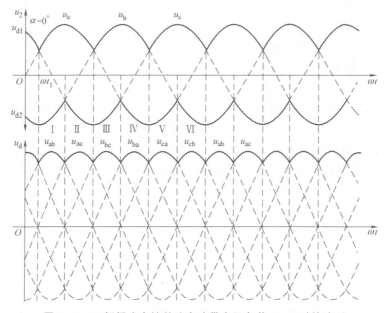

图 2-27　三相桥式全控整流电路带电阻负载 $\alpha = 0°$ 时的波形

2. AC/DC 变换器电路的主要组成

AC/DC 变换器电路的一般原理如图 2-28 所示，图中 U_{ref} 为参考电压，U_o 为 AC/DC 的输出电压；PWM 为脉冲宽度调制式开关变换器。AC/DC 变换器由输入滤波电路、全波整流和滤波电路、DC/DC 变换电路、过电压和过电流保护电路、控制电路和输出整流电路组成。整流电路的作用是将交流电压变为直流脉动电压；输入滤波电路的作用是使整流后的电压更加平滑，并将电网中的杂波滤除以免对模块产生干扰，同时，输入滤波器也阻止变换器自身产生的干扰影响。DC/DC 变换电路和控制电路是模块的关键环节，由它实现直流电压的转换和稳压，为了得到稳定的输出电压 U_o，采用了实时反馈控制方式。保护电路的作用是在模块输入电压或电流过大的情况下使模块关断，从而起到保护作用。

四、AC/DC 变换器整流电压的检测

1）工具、量具和设备准备。混合动力电动汽车整车、诊断仪、举升机。

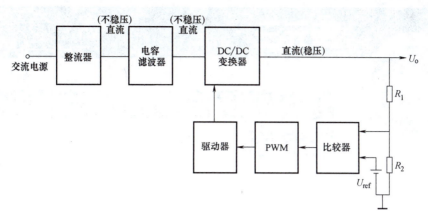

图 2-28 AC/DC 变换器电路原理

2）将车辆举升离地。
3）连接诊断仪，起动车辆。
4）踩加速踏板，使驱动轮高速运转。
5）迅速松开加速踏板，再轻踩加速踏板，用诊断仪读取能量回收时的整流电压。

单元三

03 普锐斯混合动力系统构造与维修

课题一 普锐斯混合动力系统分析

一、普锐斯混合动力汽车的技术特点

丰田公司于1997年开始销售普锐斯混合动力汽车,目前已经发展到第四代插电式混合动力汽车。普锐斯是世界上第一款大批量生产的混合动力车型,第三代普锐斯(常规混合动力)现在已在我国生产并上市。

丰田普锐斯混合动力系统由汽油机和电机等组成,采用丰田汽车公司自行开发的THS(Toyota Hybrid System)混合动力系统。THS的核心是用行星齿轮组组成的动力组合器来协调发动机和电机的运动和动力传递。THS已有多种变型产品,例如在THS基础上改进的THS-Ⅱ(图3-1),在THS基础上增加无级变速器的THS-C(C代表无级变速器),在THS-Ⅱ基础上增加电气式四轮驱动系统(E-Four)的THS-Ⅱ+E-Four等,其基本原理基本相同。

丰田普锐斯混合动力汽车采用了大量的先进技术,例如采用"线控技术(by-wire)"全电动空调等。

1. 阿特金森(Atkinson)循环发动机

丰田普锐斯混合动力汽车汽油机采用阿特金森循环,其热效率高,膨胀比大。阿特金森循环的汽油机采用延迟进气门关闭时刻的方法,增大膨胀比。在压缩行程的起始阶段(当活塞开始上行时),部分进入气缸的空气回流到进气歧管,有效地延迟了压缩起始点,故膨胀比增大,而实际的压缩比并没有增大。由于用这种方法能增大节气门开度,在部分负荷时可减小进气管负压,从而减小进气损失。

2. "线控(by-wire)"技术

"线控(by-wire)"技术起源于航空工业,即某些操纵机构采用

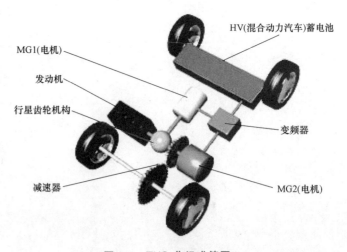

图3-1 THS-Ⅱ组成简图

电子控制、电动执行的，用来取代机械或液力控制。其具有响应快、质量轻、占地小的特点。在普锐斯混合动力汽车上，节气门、变速杆、牵引力控制和车辆稳定性控制（VSC+）都采用了"线控（by-wire）"技术，提高了操纵性。

3. 电控无级变速器

普锐斯混合动力汽车采用的并不是一般意义上的无级变速器（CVT），但其变速理论与无级变速器的变速理论相同。普锐斯混合动力汽车的动力分配装置将发动机和电机的力矩分配给驱动轮或发电机，通过选择性地控制动力源（驱动电机、发动机和发电机）的转速，模拟变速器传动比的连续变化，工作起来像普通的无级变速器（CVT）一样。

4. 电动牵引力控制

普锐斯混合动力汽车是世界上最早采用电机施力的牵引力控制系统的车辆，各组成部件之间信息传递快，提高了整车的主动安全性。如果防滑控制单元（ECU）检测到车轮打滑时，电动牵引力控制系统会立即切断电机传到车轮的驱动力矩，而不是像传统牵引力控制系统那样切断来自发动机的动力。此外电控制动系统可采取制动。

5. 电子变速杆

电子变速杆安装在仪表盘上，比传统的变速杆使用起来更加方便、灵活，还可以用指尖点动。变速杆每次动作后，总是回到原来位置。变速杆有照明灯，方便夜间使用。变速杆有N（空档）、D（驱动）、R（倒档）、B（发动机制动）4个档位。驻车开关安装在变速杆的上方，与传统自动变速器手柄处于P位的作用相同（图3-2）。

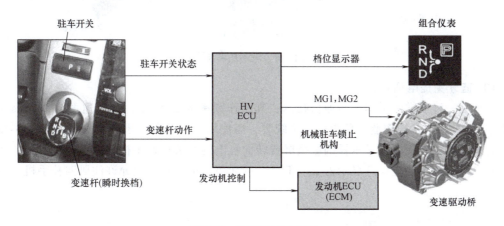

图3-2 电子换档示意图

6. 电控制动系统（ECB）

普锐斯混合动力汽车采用独特的电控制动系统。踩动制动踏板会触动停车的控制电路，电控制动系统（ECB）响应迅速，可与其他主动安全系统（如VSC+）互相配合。ECB也用于提高再生制动系统的效率，将车辆制动时的动能回收。ECB有备用电源，以防备车辆电源系统发生故障。

7. 用户定制车身电气系统

普锐斯混合动力汽车允许用户根据自己的喜好定制42种不同的参数。定制工作可由经销商按客户要求完成。定制的项目主要有门锁遥控器、门锁、防盗系统、智能门控灯系统、空调和智能钥匙等。

8. 智能驻车辅助系统

普锐斯混合动力汽车是世界上大批量生产的能够自动驻车的汽车，能够按照预定的路线驻车在指定的地方，既可并排驻车，又可前后排驻车。

9. 全电动空调系统

传统空调系统的压缩机由曲轴通过传动带驱动，而普锐斯混合动力汽车的空调压缩机由空调变频器驱动，有下列优点：

1）即使发动机熄火，空调也能发挥最大效率。

2）空调与发动机的运转各自独立，空调的运转不会降低汽车的行驶性能。

3）电动水泵能够在发动机熄火时向加热器供热。

普锐斯混合动力汽车的电动压缩机（图 3-3）比传统的压缩机体积小 40%，质量轻 50%，可直接安装到发动机上。

图 3-3 电动压缩机

10. 蓝牙免提电话系统

蓝牙是一种非常先进的无线通信技术，其工作频率为 2.4GHz，通信速度为 1MB/s（每秒兆字节）。用户在操作蓝牙免提电话系统时，需使用配备具有蓝牙功能的手机（图 3-4a）；操作时，用户可以用复式显示器的触摸屏或转向盘上的开关接通手机，也可把手机上的所有电话号码传输到多功能信息显示器上。但是，蓝牙免提电话系统只允许注册四种手机，且每

图 3-4 蓝牙电话与有线电话传输过程比较

a）蓝牙电话 b）有线电话

次只能使用一种手机。

11. LED 停车灯

普锐斯混合动力汽车采用 LED 停车灯，LED 停车灯的主要优点有：

1）安全 LED 器件比灯泡光亮的速度快大约 10 倍，LED 为 2~25ms，灯泡为 150~200ms。

2）高效 LED 比普通的灯泡省电。

12. 智能钥匙与起动系统

普锐斯混合动力汽车采用具有双向通信功能的智能钥匙，在一定距离内，智能钥匙系统的 ECU 能够判别是否存在智能钥匙，只要车主随身携带智能钥匙，即可不用钥匙也能开或锁车门；同样，只要随身携带钥匙，驾驶人可推动按钮起动车辆（图 3-5）。

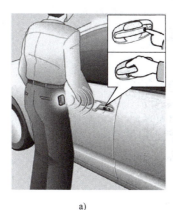

a)　　　　　　　　　　b)　　　　　　　　　　c)

图 3-5　智能钥匙的"遥控作用"

a）打开或关闭车门　b）起动汽车　c）开启行李舱

汽车的前门和行李舱盖装有振荡器、触摸传感器和天线。振荡器若接收到智能钥匙 ECU 的命令，会发射信号，检测汽车周围是否有智能钥匙。若有人按动触摸传感器（智能钥匙在探测范围内），则对应的车门锁会打开。若随身携带钥匙离开车，可以按下门手柄上的锁开关将所有车门锁上。若在车内携带钥匙（如钥匙放在手提包内），只需按动仪表盘上的起动按钮就能起动汽车。

13. 坡道起步辅助控制

坡道起步时，控制系统能够通过驱动电机上的高灵敏度的转速传感器，判别道路的坡度，防止汽车向下溜滑。若坡道很陡，系统会增大汽车起动力矩。

14. 增强型车辆稳定控制系统（VSC+）

增强型车辆稳定控制系统（VSC+）将车辆稳定控制系统与电动助力转向（EPS）组合在一起。在发生意外情况时提供一定量的辅助转向力矩（转向助力），帮助驾驶人更快地转动转向盘，而在前轮打滑时转向，EPS 提供较小的转向助力，防止过度转向。

二、丰田混合动力系统的组成

丰田混合动力汽车的动力核心是丰田混合动力系统（Toyota Hybrid System，THS），它使用汽油机和电机两种动力，通过串联与并联相结合即混联的方式进行工作，达到了低排放的效果。

丰田混合动力系统的主要部件在车上的位置如图 3-6 和图 3-7 所示。

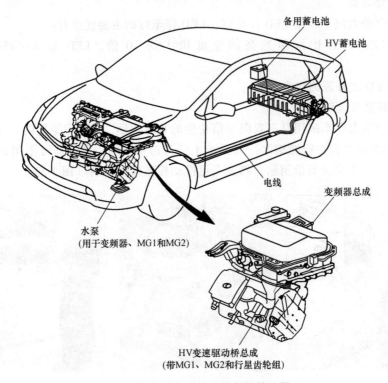

图 3-6　丰田混合动力系统主要部件的位置（一）

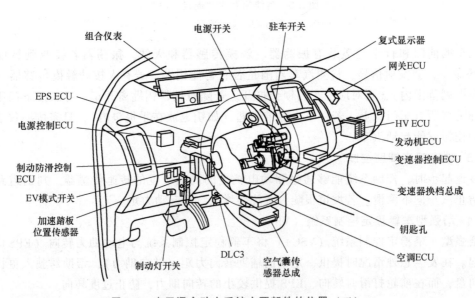

图 3-7　丰田混合动力系统主要部件的位置（二）

1. HV（混合动力汽车）变速驱动桥

混合动力汽车变速驱动桥由电机 MG1、电机 MG2 和行星齿轮组组成。

（1）电机 MG1　电机 MG1 由发动机带动旋转产生高压电来驱动电机 MG2 或为 HV 蓄电

池充电。同时，它还可以作为起动机起动发动机，其技术参数见表3-1。

表3-1 电机MG1参数

项　目	新　车　型	旧　车　型
类型	永磁电机	永磁电机
功能	发电机、发动机的起动机	发电机、发动机的起动机
最高电压/V	AC 500	AC 273.6
冷却系统	水冷	水冷

（2）电机MG2　由电机MG1或HV蓄电池的电能驱动，产生车辆动力。制动期间或松开加速踏板时，它产生电能为HV蓄电池再次充电（再生制动控制），其技术参数见表3-2。

表3-2 电机MG2参数

项　目	新　车　型	旧　车　型
类型	永磁电机	永磁电机
功能	发电机、驱动车轮	发电机、驱动车轮
最高电压/V	AC 500	AC 273.6
最大输出功率/kW	50(1200~1540r/min)	33(1040~5600r/min)
最大转矩/N·m	400(0~1200r/min)	350(0~1200r/min)
冷却系统	水冷	水冷

电机MG1和电机MG2结构紧凑、质量轻、高效，是交流永磁铁同步型电机/发电机（图3-8）。

在必要时，电机MG1作为辅助动力源为发动机提供辅助动力，使车辆达到优良的动态性能，其中包括平稳起步和加速。起动再生制动后，电机MG2将车辆的动能转换为电能并储存在HV蓄电池中。

电机MG1为HV蓄电池重新充电并为电机MG2供电。此外，通过调节发电量（改变发电机的转速），电机MG1有效地控制变速驱动桥的连续可变变速器的功能。电机MG1同样作为起动机起动发动机。

电机MG1和电机MG2的电路图如图3-9所示。

电机MG1和电机MG2为永磁电机，其三相交流电经过定子线圈的三相绕组时，电机内产生旋转磁场。电机MG1和电机MG2的工作原理如图3-10所示。通过转子的旋转位置和转速控制旋转磁场，从而使转子的永磁铁受到旋转磁场的吸引产生转矩，产生的转矩可用于与电

图3-8　MG1和MG2
1—MG1　2—MG2

流相匹配的所有用途，而转速由交流电的频率控制。此外，通过对旋转磁场和转子磁铁的角度做适当的调整，可以产生较大的转矩和较高的转速。

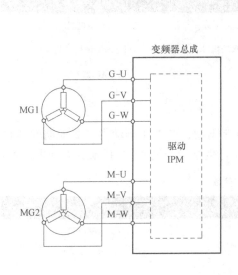

图 3-9 电机 MG1 和电机 MG2 电路图

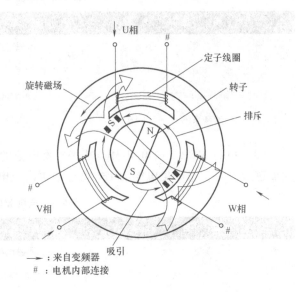

图 3-10 电机 MG1 和电机 MG2 的工作原理

（3）行星齿轮组 以适当的比例分配发动机驱动力来直接驱动车辆和发电机。

2. HV 蓄电池（图 3-11）

HV 蓄电池在汽车起步、加速和上坡时，将电能提供给电机/发电机。

普锐斯采用镍-氢（Ni-MH）蓄电池作为 HV 蓄电池，位于行李舱内后排座位下。该 HV 蓄电池具有高能、质量轻、配合 THS-Ⅱ系统特性使用时间较长等特点。车辆正常工作时，由于 THS-Ⅱ系统通过充电/放电来保持 HV 蓄电池 SOC（荷电状态）为恒定数值，因此车辆不依赖外部设备来充电。

图 3-11 HV 蓄电池

3. 变频器总成（图 3-12）

（1）作用及组成 变频器总成用于将高压直流电（HV 蓄电池）转换为交流电（电机 MG1 和电机 MG2），反之亦可。其组成部件包括增压转换器、DC/DC 转换器和空调变频器。

1）增压变换器。将 HV 蓄电池的最高电压从 DC 201.6V 增加到 DC 500V，反之亦可。

2）DC/DC 变换器。将最高电压从 DC 201.6V 降到 DC 12V，为车身电气组件供电以及为备用蓄电池再次充电（DC 12V）。

3）空调变频器。将 HV 蓄电池的额定电压 DC 201.6V 转换为 AC 201.6V，为空调系统中的电动变频压缩机供电。

（2）变频器总成的工作原理 变频器将 HV 蓄电池的高压直流电转换为三相交流电来驱

动电机 MG1 和电机 MG2。功率晶体管的启动由 HV ECU 控制。此外,变频器将用于电流控制(如输出电流或电压)的信息传输到 HV ECU。变频器和电机 MG1、电机 MG2 一起,由发动机冷却系统分离的专用散热器冷却。如果车辆发生碰撞,安装在变速器内部的断路器传感器会检测到碰撞信号从而关停系统。

电机 MG1、电机 MG2 桥电路和信号处理/保护功能处理器已集成在 IPM(智能功率模块)中(变频器电路图如图 3-13 所示),以提高车辆性能。变频器总成中的空调变频器为空调系统中的电动变频压缩机供电。将变频器散热器和发动机散热器集成为一体,更加合理地利用了发动机舱内的空间。

图 3-12 变频器总成

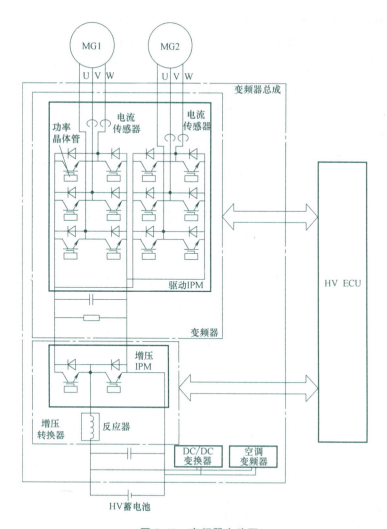

图 3-13 变频器电路图

1)增压变换器。增压变换器电路图如图3-14所示。变换器包括增压IPM(智能功率模块)、IGBT(绝缘栅双极晶体管)。通过这些组件,变换器将电压升高。

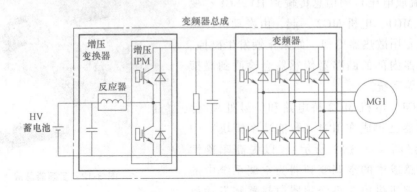

图3-14 增压变换器电路图

电机MG1或电机MG2作为发电机工作时,变频器通过其将交流电(201.6~500V)转换为直流电,然后增压转换器将其降低到DC 201.6V,为HV蓄电池充电。

2)DC/DC变换器。车辆的辅助设备(如车灯、音响系统、空调系统(除空调压缩机)和ECU)由DC 12V的供电系统供电。由于THS-Ⅱ发电机输出额定电压为DC 201.6V,因此需要变换器将电压降低到DC 12V来为备用蓄电池充电。DC/DC变换器安装于变频器的下部,其电路图如图3-15所示。

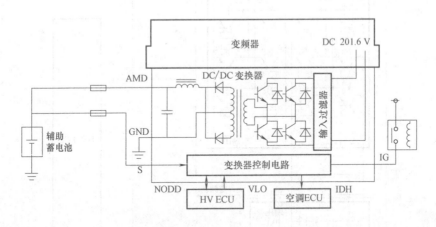

图3-15 DC/DC变换器电路图

3)空调变频器。变频器总成中的空调变频器为空调系统中电动变频压缩机供电。空调变频器电路图如图3-16所示。

4)冷却系统。车辆采用了配备有水泵的电机MG1和电机MG2冷却系统,而且将其与发动机冷却系统分开。变频器、电机MG1和电机MG2的冷却系统如图3-17所示,其冷却系统的散热器集成在发动机的散热器中,这样,散热器的结构得到简化,空间也得到有效利用。冷却系统参数见表3-3。

单元三　普锐斯混合动力系统构造与维修

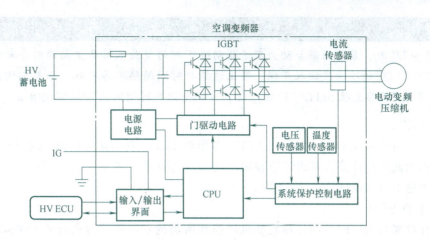

图 3-16　空调变频器电路图

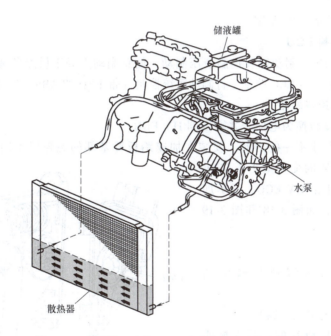

图 3-17　变频器、电机 MG1 和电机 MG2 的冷却系统

表 3-3　变频器、电机 MG1 和电机 MG2 冷却系统的参数

水　泵		冷却液	
排放量	10L·min 或者更高(65℃)	容量	2.7L
		类别	丰田纯牌超级长效冷却液(SLLC)或同等品
		颜色	粉红
		维护间隔　第一次	160000km
		以后	每 80000km①

① 仅在车辆使用 SLLC（粉红色）时，如果使用 LLC（红色），维护时间间隔应变为 40000km 或 24 个月（以先到为准）。

63

> **知识拓展**
>
> 更换 SLLC 时，应该用混合动力变速驱动桥下部的排放塞排尽里面的旧冷却液。如在维护时将非 SLLC 的冷却液注入车辆，则上述维护时间间隔不再有效。如果车辆最初使用 LLC（红色），而后更换 SLLC（粉红）时，可调整维护时间间隔为每 80000km。

4. HV ECU

接收每个传感器及 ECU（发动机 ECU、蓄电池 ECU、制动防滑控制 ECU 和 EPS ECU）的信息，根据此信息计算所需的转矩和输出功率后将计算结果发送给发动机 ECU、变频器总成、蓄电池 ECU 和制动防滑控制 ECU。

5. 发动机 ECU

根据接收来自 HV ECU 的目标发动机转速和所需的发动机动力来起动 ETCS-i（智能电子节气门）。

6. 蓄电池 ECU

监控 HV 蓄电池的充电状态。

7. 制动防滑控制 ECU

控制电机产生的再生制动以及控制液压制动，使总制动力等于仅配备液压制动的传统车辆。同样，制动防滑控制 ECU 照常进行制动系统控制（带 EBD 的 ABS、制动辅助和 VSC+）。

8. 加速踏板位置传感器

将加速踏板角度转换为电信号并输出到 HV ECU。

加速踏板受到大小不一的力时，安装在加速踏板臂基部的磁轭以不同的速度围绕霍尔 IC 旋转，这时，磁通的变化量由霍尔 IC 转换为电信号并输出给 HV ECU，显示加速踏板受力的大小，如图 3-18 和图 3-19 所示。

9. 档位传感器

将档位转换为电信号并输出到 HV ECU。

10. SMR（系统主继电器）

SMR 用来自 HV ECU 的信号连接或断开蓄电池和变频器总成间的高压电路。

11. 互锁开关

互锁开关用来确认变频器盖和检修塞（即维修开关）均已安装完毕。

12. 断路器传感器

如果检测到车辆发生碰撞，则切断高压电路。

13. 检修塞

在检查或维修车辆时，要拆下此塞，关闭 HV 蓄电池高压电路。

14. 电线

电线将变频器与 HV 蓄电池、电机 MG1、电机 MG2 以及空调压缩机等部件相连，以

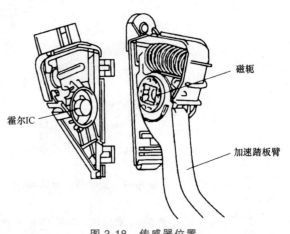

图 3-18 传感器位置

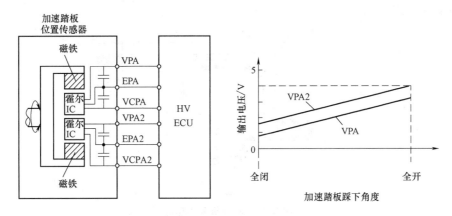

图 3-19　加速踏板位置传感器电路图

传输高电压、高电流。电线一端接在行李舱中 HV 蓄电池的左前插接器上；另一端从后排座椅下经过，穿过地板沿着地板下加强件一直连接到发动机舱中的变频器，如图 3-20 所示。这种屏蔽电线可减少电磁干涉。辅助蓄电池的 DC 12V 配线排布与上述电线相同。高压动力线被屏蔽，以减小电磁干扰。高压线束和插头采用橙色，以与普通低压线束区别。

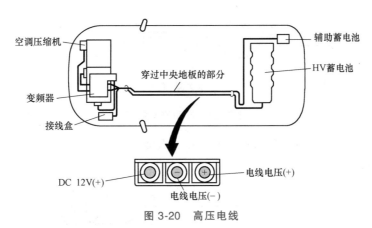

图 3-20　高压电线

三、丰田混合动力系统的工作原理

1. 工作状态

根据行驶条件的不同，汽车在稳定运行过程中，可能处于不同的工作状态，最大限度地适应车辆的行驶状况。

1）HV 蓄电池向电机 MG2 供电，以驱动车辆，如图 3-21 所示。

2）发动机通过行星齿轮机构驱动车辆时，电机 MG1 由发动机通过行星齿轮机构带动旋转，为电机 MG2 提

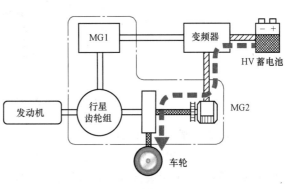

图 3-21　蓄电池供电

供电能,如图 3-22 所示。

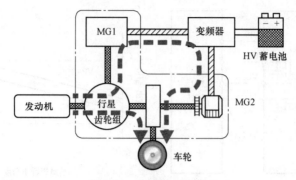

图 3-22　发动机驱动车轮

3) 电机 MG1 由发动机通过行星齿轮机构带动旋转,为 HV 蓄电池充电,如图 3-23 所示。

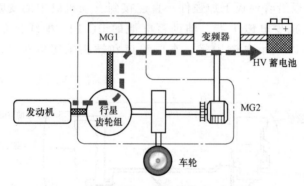

图 3-23　发动机发电

4) 车辆减速时,车轮的动能被回收并转化为电能,并通过电机 MG2 为 HV 蓄电池再次充电,如图 3-24 所示。

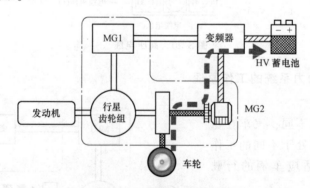

图 3-24　车轮的动能回收

HV ECU 根据车辆行驶状况栏在 1)、2)、1)+2)、2)+3)、4) 工作模式间转换。但是,HV 蓄电池的 SOC(荷电状态)较低时,发动机带动电机 MG1 为 HV 蓄电池充电。

THS-Ⅱ(第二代丰田混合动力系统)使用发动机和电机 MG2 提供的两种动力,并使用 MG1 作为发电机。系统根据各种车辆行驶状况优化组合这两种动力。

HV ECU 始终监视 SOC 状态、蓄电池温度、冷却液温度和电载荷状况。在"READY"指示灯亮，车辆处于 P 位或车辆倒车时，如果监视项目符合条件，HV ECU 发出指令，起动发动机，驱动电机 MG1，并为 HV 蓄电池充电。

2. 工作原理

图 3-25 反映了车辆的常见行驶状况。可以根据图 3-25 来分析 THS-Ⅱ系统如何控制发动机、MG1 和 MG2。

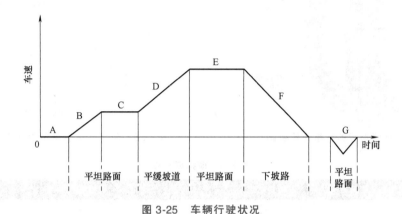

图 3-25 车辆行驶状况

图 3-25 中，A 表示仪表板上"READY"灯亮；B 表示车辆起步；C 表示发动机微加速；D 表示小负荷巡航；E 表示节气门全开加速；F 表示减速行驶；G 表示倒车。

图 3-26 是行星齿轮组与发动机、MG1 和 MG2 连接关系图。发动机连接行星架，MG1 连接太阳轮，MG2 连接环齿轮。根据相对运动关系可以非常方便地用模拟杠杆来表示行星齿轮机构（组）各部件的转速关系（图 3-27 和图 3-28）。杠杆的 3 个节点的相对位置由太阳轮（MG1）与环齿轮（MG2）的齿数确定，相对于水平基准位置，同侧表示运转方向相同、异侧表示运转方向相反，相对于基准位置的高度（垂直位移）表示转速。

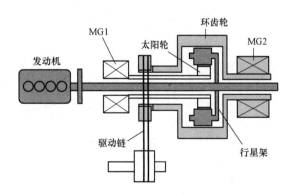

图 3-26 行星齿轮组与发动机、MG1 和 MG2 连接关系

表 3-4 的模拟杠杆图对行星齿轮机构构件的旋转方向、转速和电源平衡进行了直观地表达。此模拟杠杆中，3 个齿轮的转速始终可以用一条直线来连接。模拟杠杆图还对电机 MG1 或电机 MG2 的充电或发电状态、旋转方向和转矩状态做了说明。

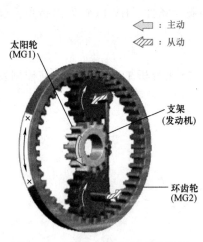

图 3-27 普锐斯用的行星齿轮机组

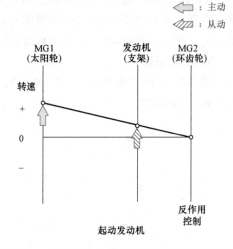

图 3-28 表示行星轮系角速度关系的模拟杠杆

表 3-4 模拟杠杆图

状态	旋转方向	转矩状态	模拟杠杆例图
放电	正转	+转矩	
	+侧	箭头向上	
	反转	-转矩	
	-侧	箭头向下	
发电	正转	-转矩	
	+侧	箭头向下	

（1）准备起动状态（图 3-25 中的 A 阶段） 如果冷却液温度、SOC 状态、蓄电池温度和电载荷状态不满足条件，即使驾驶人按下"POWER"开关，"READY"指示灯打开，发动机也不会运转。

起动发动机：仪表盘上的"READY"指示灯亮、车辆处于 P 位或者倒档时，如果 HV ECU 监视的任何项目均正常，HV ECU 起动电机 MG1，从而起动发动机。

运行期间，为防止电机 MG1 的太阳轮的反作用力转动电机 MG2 的环齿轮并驱动车轮，电机 MG2 接收电流，施加制动，如图 3-29 和图 3-30 所示，这个功能称为"反作用控制"。

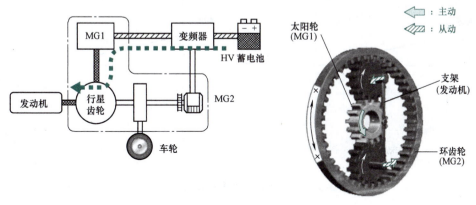

图 3-29 准备起动状态

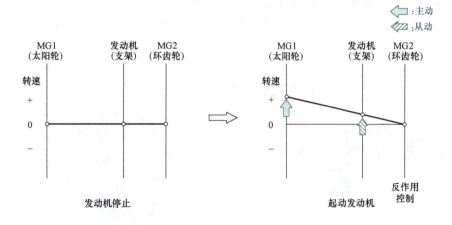

图 3-30 行星齿轮机构模拟杠杆图（一）

在随后状态中，运转中的发动机驱动电机 MG1，为 HV 蓄电池充电如图 3-31 和图 3-32 所示。

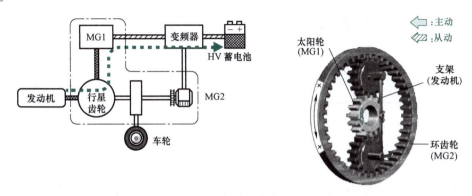

图 3-31 起动后蓄电池充电

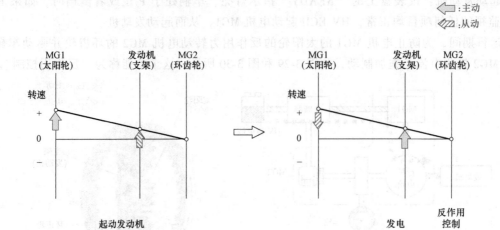

图 3-32 行星齿轮机构模拟杠杆图（二）

（2）起步工况（图 3-25 中的 B 阶段） 电机 MG2 驱动车辆起步后，车辆仅由电机 MG2 驱动。这时，发动机保持停止状态，电机 MG1 以反方向旋转而不发电，如图 3-33 和图 3-34 所示。

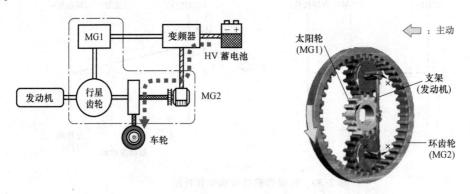

图 3-33 起步工况

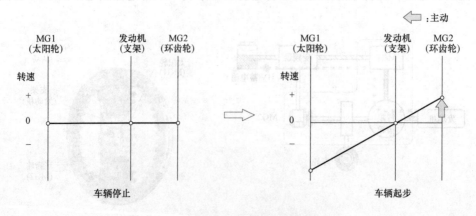

图 3-34 行星齿轮机构模拟杠杆图（三）

起动发动机：只有电机 MG2 工作时，如果增加所需的驱动转矩，电机 MG1 将被起动，进而起动发动机。同样，如果 HV ECU 监视的任何项目如 SOC 状态、蓄电池温度、冷却液温度和电载荷状态与规定值有偏差，电机 MG1 将被起动，进而起动发动机，如图 3-35 和图 3-36 所示。

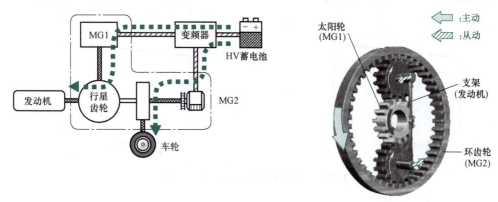

图 3-35　汽车起步后发动机起动

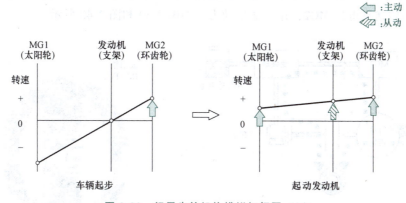

图 3-36　行星齿轮机构模拟杠杆图（四）

在随后的状态中，已经起动的发动机将使电机 MG1 为 HV 蓄电池充电。如果需要增加所需驱动转矩，发动机将驱动发电机 MG1 并转变为"发动机微加速时"模式，如图 3-37 和图 3-38 所示。

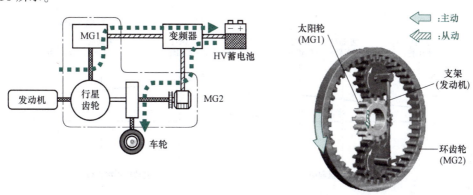

图 3-37　发动机驱动发电机

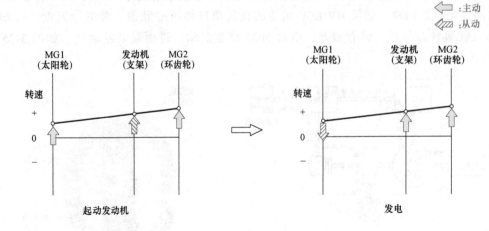

图 3-38 行星齿轮机构模拟杠杆图（五）

（3）发动机微加速工况（图 3-25 中的 C 阶段） 发动机微加速时，发动机的动力由行星齿轮组分配。其中一部分动力直接输出，剩余动力用于电机 MG1 发电。通过变频器的电动输出，电力输送到电机 MG2，用于输出动力，如图 3-39 和图 3-40 所示。

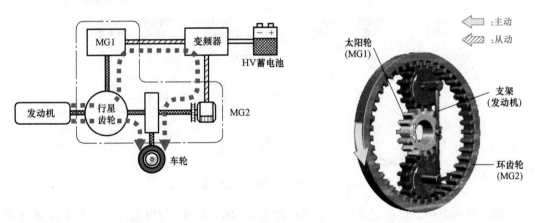

图 3-39 发动机微加速工况

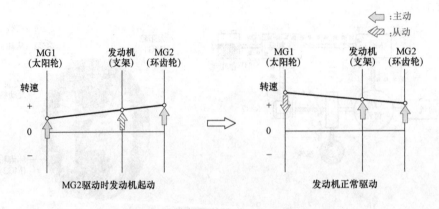

图 3-40 行星齿轮机构模拟杠杆图（六）

（4）低载荷巡航工况（图 3-25 中的 D 阶段） 车辆以低载荷巡航时，发动机的动力由行星齿轮分配。其中一部分动力直接输出，剩余动力用于电机 MG1 发电。通过变频器的电动传输，电力输送到电机 MG2 用于输出动力，如图 3-41 和图 3-42 所示。

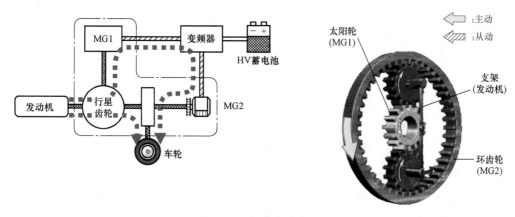

图 3-41 低载荷巡航工况

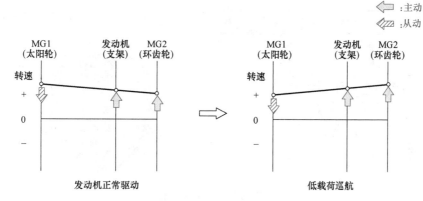

图 3-42 行星齿轮机构模拟杠杆图（七）

（5）节气门全开加速工况（图 3-25 中的 E 阶段） 车辆从低载荷巡航转换为节气门全开加速模式时，系统将在保证电机 MG2 动力的基础上，增加 HV 蓄电池的电动力，如图 3-43 和图 3-44 所示。

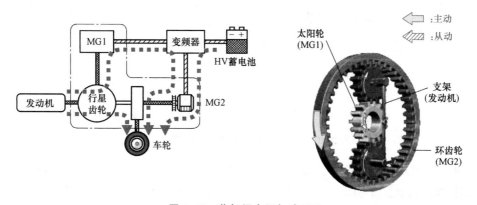

图 3-43 节气门全开加速工况

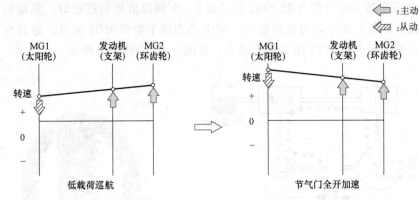

图 3-44　行星齿轮机构模拟杠杆图（八）

(6) 减速工况（图 3-25 中的 F 阶段）

① D 位减速行驶。车辆以 D 位减速行驶时，发动机停止工作。这时，车轮驱动电机 MG2，使电机 MG2 作为发电机运行，为 HV 蓄电池充电，如图 3-45 和图 3-46 所示。

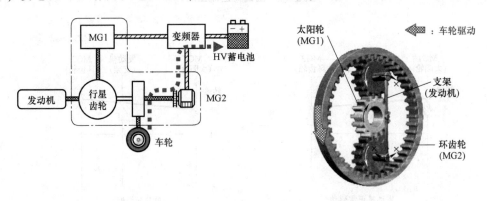

图 3-45　D 位减速行驶

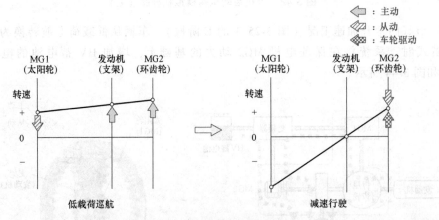

图 3-46　行星齿轮机构模拟杠杆图（九）

车辆从较高速度开始减速时，发动机以预定速度继续工作，保护行星齿轮机构。

② B 位减速行驶。车辆以 B 位减速行驶时，车轮驱动电机 MG2，使电机 MG2 作为发电机工作，为 HV 蓄电池充电，并为电机 MG1 供电。这样，MG1 保持发动机转速并施加发动

机制动，如图 3-47 和图 3-48 所示。这时，发动机燃油供给被切断。

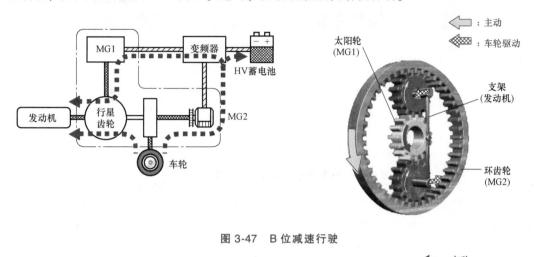

图 3-47　B 位减速行驶

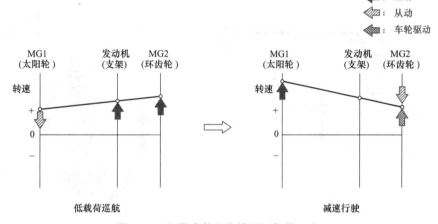

图 3-48　行星齿轮机构模拟杠杆图（十）

（7）倒车工况（图 3-25 中 G 阶段）

① 车辆倒车。仅由电机 MG2 为车辆提供动力。这时，电机 MG2 反向旋转，发动机不工作，电机 MG1 正向旋转但不发电，如图 3-49 和图 3-50 所示。

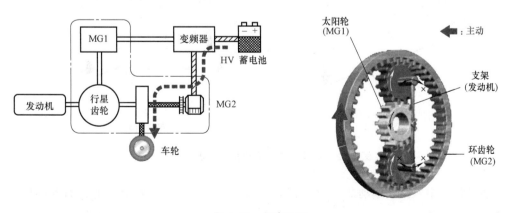

图 3-49　倒车工况

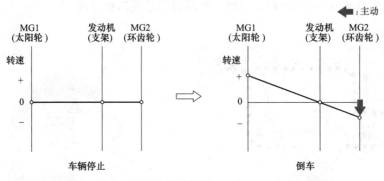

图 3-50　行星齿轮机构模拟杠杆图（十一）

② 起动发动机。如果 HV ECU 监视的任何项目如 SOC 状态、蓄电池温度、冷却液温度和电载荷状态与规定值有偏差，电机 MG1 将发动机起动，如图 3-51 和图 3-52 所示。

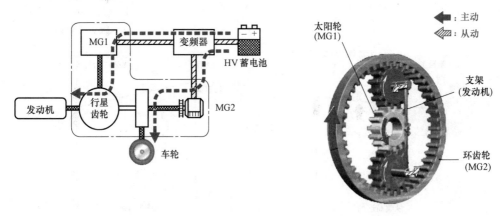

图 3-51　起动发动机

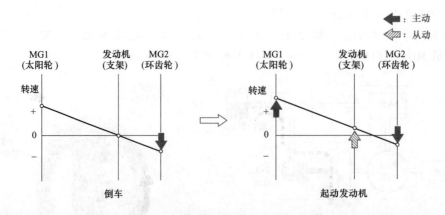

图 3-52　行星齿轮机构模拟杠杆图（十二）

在随后状态中，已经起动的发动机驱动电机 MG1，为 HV 蓄电池充电，如图 3-53 和图 3-54 所示。

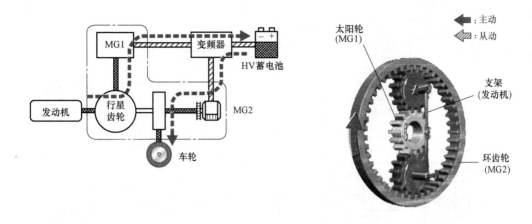

图 3-53 发动机驱动电机 MG1

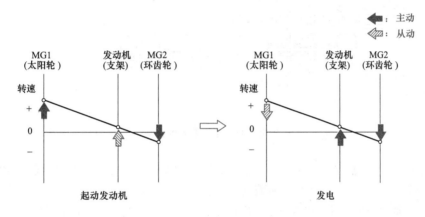

图 3-54 行星齿轮机构模拟杠杆图（十三）

四、丰田混合动力控制系统

1. 混合动力汽车控制系统的组成

混合动力汽车（HV）控制系统的组成如图 3-55 所示。

（1）混合动力系统 ECU 的控制　根据请求转矩、再生制动控制和 HV 蓄电池的 SOC（荷电状态）控制电机 MG1、电机 MG2 和发动机。具体工作状态由档位、加速踏板踩下角度和车速来确定。

混合动力系统 ECU 监控 HV 蓄电池的 SOC 和 HV 蓄电池的温度、电机 MG1 和电机 MG2 并对这些项目实施最优控制。

车辆处于 N 位（空档）时，HV ECU 实施关闭控制，自动关闭电机 MG1 和电机 MG2。

车辆在陡坡上松开制动而起动时，上坡辅助控制可以防止车辆下滑。

如果驱动轮在没有附着力时空转，HV ECU 提供电机牵引力控制，抑制电机 MG2 旋转，进而保护行星齿轮组，同时防止电机 MG1 产生过大的电流。

为防止电路电压过高并保证电路切断的可靠性，HV ECU 通过三个继电器的作用实施 SMR（系统主继电器）控制来连接和关闭高压电路。

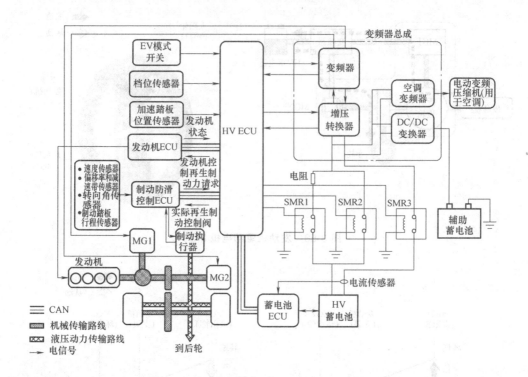

图 3-55 HV 控制系统的组成

（2）发动机 ECU 的控制　发动机 ECU 接收 HV ECU 发送的目标发动机转速和所需的发动机动力，来控制 ETCS-i 系统、燃油喷射量、点火正时和 VVT-i 系统。

（3）变频器的控制　根据 HV ECU 提供的信号，变频器将 HV 蓄电池的直流电转换为交流电来驱动电机 MG1、电机 MG2，同样也可进行逆向过程。此外，变频器将电机 MG1 的交流电提供给电机 MG2。

HV ECU 向变频器内的功率晶体管发送信号，来转换电机 MG1、电机 MG2 的 U、V 和 W 相来驱动电机 MG1 和电机 MG2。

HV ECU 从变频器接收到过热、过电流或故障电压信号后即关闭。

（4）增压转换器的控制　根据 HV ECU 提供的信号，增压转换器将额定电压 DC 201.6V 升高到最高电压 DC 500V。

电机 MG1 或电机 MG2 产生的最高电压 AC 500V 由变频器转换为直流电，根据 HV ECU 的信号，增压转换器将直流电降低到 DC 201.6V（用于 HV 蓄电池）。

（5）变换器的控制　将额定电压 DC 201.6V 转化为 DC 12V，为车身电气组件供电，并为备用蓄电池充电（DC 12V），变换器将备用蓄电池控制在恒定电压状态。

（6）空调变频器的控制　将 HV 蓄电池的额定电压 DC 201.6V 转换为 AC 201.6V，为空调系统的电动变频压缩机供电。

（7）电机 MG1 和电机 MG2 的控制

① 电机 MG1 由发动机带动旋转，产生高压（最高电压 AC 500V），操作电机 MG2 并为 HV 蓄电池充电。另外，它作为起动机起动发动机。

② 由电机 MG1 或 HV 蓄电池供电驱动，为车辆提供动力。

③ 制动期间或松开加速踏板时，它产生电能为 HV 蓄电池再次充电（再生制动控制）。

④ 速度传感器（转角传感器）检测到电机 MG1、电机 MG2 的转速和位置并将信号输出到 HV ECU。

⑤ 电机 MG2 上的温度传感器检测温度，并将温度信号发送到 HV ECU。

（8）制动防滑控制 ECU 的控制　制动时，制动防滑控制 ECU 计算所需的再生制动力并将信号发送到 HV ECU。一接收到信号，HV ECU 立刻将实际的再生制动控制数据发送到制动防滑控制 ECU。根据这个结果，制动防滑控制 ECU 计算并执行所需的液压制动力。

（9）蓄电池 ECU 的控制　蓄电池 ECU 实施监视控制，监视 HV 蓄电池和冷却风扇控制的状态，使 HV 蓄电池保持在预定的温度。这样，对这些组件实施最优控制。

（10）换档的控制　HV ECU 根据档位传感器提供的信号检测档位（R、N、D 或 B），控制电机 MG1、电机 MG2 和发动机调整车辆行驶状态以适应所选档位。

变速器控制 ECU 通过 HV ECU 提供的信号检测驾驶人是否按下驻车开关。然后，它操作换档控制执行器，通过机械机构锁止变速驱动桥。

（11）碰撞时的控制　发生碰撞时，如果 HV ECU 收到安全气囊传感器总成发出的安全气囊张开信号，或变频器中断路器传感器发出的执行信号，则关闭 SMR（系统主继电器）以切断整个电源。

（12）电机驱动模式的控制　仪表板上的 EV 模式开关被驾驶人手动打开时，如果所需条件满足，则 HV ECU 使车辆只由电机 MG2 驱动运行。

（13）巡航控制系统操作的控制　HV ECU 中的巡航控制：ECU 收到巡航控制开关信号时，按照驾驶人的要求，将发动机、电机 MG1 和电机 MG2 的动力调节到最佳的组合，获得目标车速。

（14）指示灯和警告灯点亮的控制　使灯点亮或闪烁，通知驾驶人车辆状态或系统故障。

（15）诊断　HV ECU 检测到故障时，进行诊断并存储故障的相应数据。

（16）安全保护　HV ECU 检测到故障时，HV ECU 根据存储在存储器中的数据停止或控制执行器和 ECU。

THS 控制系统的组成框图如图 3-56 所示。

2. 混合动力汽车控制系统的主要功能

（1）HV ECU 控制　HV ECU 根据加速踏板位置传感器发出的信号检测加速踏板上所施加力的大小；HV ECU 收到电机 MG1 和电机 MG2 中速度传感器（转角传感器）发出的车速信号，并根据档位传感器的信号检测档位；HV ECU 根据这些信息确定车辆的行驶状态，对电机 MG1、电机 MG2 和发动机的动力进行最优控制。此外，HV ECU 对动力的转矩和输出进行最优控制以实现低耗油和更清洁的排放等目标。

HV ECU 控制原理如图 3-57 所示，其结构框图如图 3-58 所示。

1）系统监视控制功能。蓄电池 ECU 始终监视 HV 蓄电池的 SOC（荷电状态），并将 SOC 发送到 HV ECU。SOC 过低时，HV ECU 提高发动机的功率输出以驱动电机 MG1 为 HV 蓄电池充电；发动机停止时，电机 MG1 工作来起动发动机；然后，发动机驱动电机 MG1 为

HV 蓄电池充电。如果 SOC 较低或 HV 蓄电池、电机 MG1 或电机 MG2 的温度高于规定值，则 HV ECU 限制对驱动轮的动力的大小，直到它恢复到额定值。内置于电机 MG2 中的温度传感器直接检测电机 MG2 的温度，HV ECU 计算电机 MG1 的温度。

2）关闭控制功能。一般来说，车辆处于 N 位时，电机 MG1 和电机 MG2 被关闭。这是由于电机 MG2 通过机械机构与前轮相连，所以必须停止电机 MG1 和电机 MG2 来切断动力。

行驶时，如果制动踏板被踩下并且某个车轮锁止，则带 EBD 的 ABS 启动工作。而后，系统请求电机 MG2 输出低转矩为重新驱动车轮提供辅助动力，这时，即使车辆处于 N 位，系统也会取消关闭功能使车轮转动。车轮重新旋转后，系统恢复关闭功能。

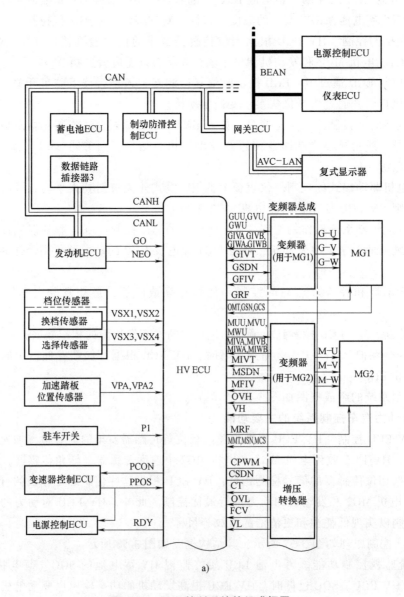

图 3-56 THS 控制系统的组成框图

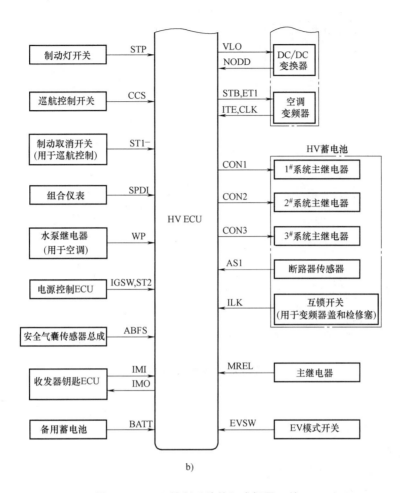

图 3-56 THS 控制系统的组成框图（续）

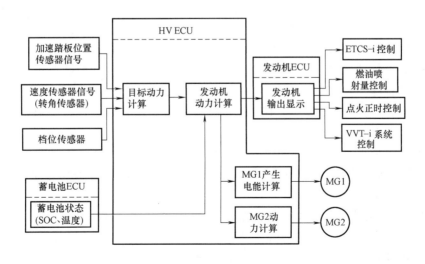

图 3-57 HV ECU 控制原理

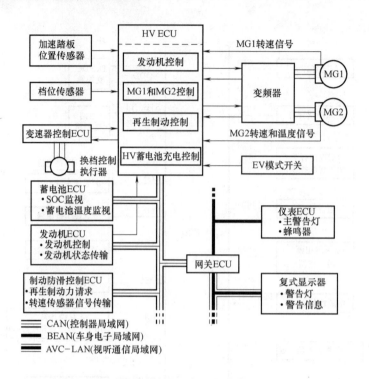

图 3-58　HV ECU 结构图

车辆以 D 位或 B 位行驶，制动踏板被踩下时，再生制动开始工作。这时，驾驶人换到 N 位时，在再生制动请求转矩减少的同时，制动液压增大以避免制动黏滞。在这以后，系统实施关闭功能。

电机 MG1、电机 MG2 以比规定值更高的转速工作时，关闭功能取消。

3）上坡辅助控制功能。如果施加了上坡辅助控制，则制动会施加到车辆后轮，防止车辆向坡下滑。这时，HV ECU 向制动防滑控制 ECU 发送后制动启动信号。车辆在陡坡上松开制动而起动时，上坡辅助控制可以防止车辆下滑。由于电机具有高敏感度的转速传感器，它可以感应坡度和车辆下降角度，以增大电机的转矩确保安全。

4）电机牵引力控制功能。车辆在光滑路面上行驶时如果驱动轮打滑，电机 MG2（与车轮直接相连）会旋转过快，引起相关的行星齿轮组转速增大。这种状况可对支承行星齿轮组中部件的啮合部件等造成损害。某些时候，还可使电机 MG1 产生过量电能。如果转速传感器信号表明转速发生突然变化，HV ECU 确定电机 MG2 转速过大并施加制动力以抑制转速，保护行星齿轮组。

如果只有一个驱动轮旋转过快，HV ECU 通过左右车轮的转速传感器监视它们的速度差，HV ECU 将指令发送到制动防滑控制 ECU，以对转速过快的车轮施加制动。这些控制方法可以起到与制动控制系统的 TRC（牵引力控制系统）同样的作用。

5）雪地起步时驱动轮转速控制功能（图 3-59）。如图 3-60b 所示，描述了产生过快转速的机理。如果驱动轮抓地力正常，电机 MG2（驱动轮）转速的变化很小，所以它和发动机之间的速度差很小，从而达到平衡，这样行星齿轮组的相对转速差最小。

如果驱动轮失去牵引力，如图 3-60c 所示，电机 MG2（驱动轮）的转速会有很大的变

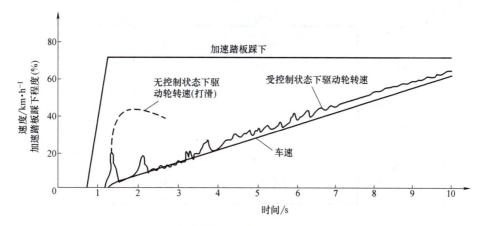

图 3-59 雪地起步时驱动轮转速状态

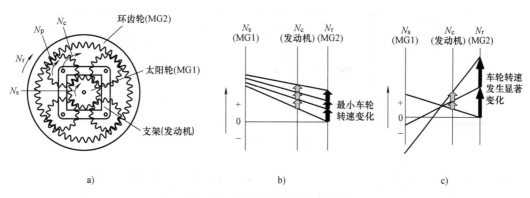

图 3-60 行星齿轮机构运动关系

化。在这种情况下,由于转速变化量较小的发动机无法随电机 MG2 转动,相关的整个行星齿轮组的转速增大。HV ECU 根据电机 MG2 提供的转速传感器信号监视转速突变,来计算驱动轮的打滑量。HV ECU 根据计算得出的打滑量通过抑制电机 MG2 的旋转来控制动力(图 3-61)。

6)系统主继电器(SMR)控制功能。SMR 是在接收到 HV ECU 发出的指令后可连接或断开高压电路电源的继电器(图 3-62),共有 3 个继电器,负极侧有 1 个,正极侧有 2 个,以确保系统正常工作。

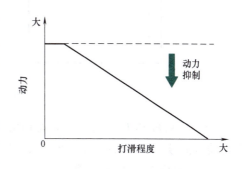

图 3-61 电机牵引力示意图

① 电源打开。电路连接时,SMR1 和 SMR3 工作;然后,SMR2 工作而 SMR1 关闭。由于这种方式可以控制流过电阻器的电流,电路中的触点受到保护,避免受到强电流而造成损害,如图 3-63 所示。

② 电源关闭。电路断开时,SMR2 和 SMR3 相继关闭;然后,HV ECU 确认各个继电器是否已经关闭。从而 HV ECU 可确定 SMR2 是否卡住,如图 3-64 所示。

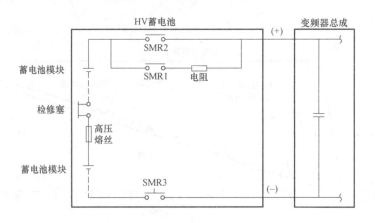

图 3-62 系统主继电器

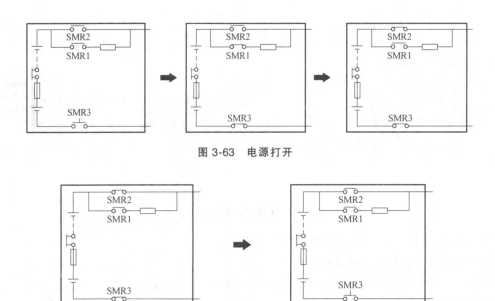

图 3-63 电源打开

图 3-64 电源关闭

(2) 发动机 ECU 控制 发动机 ECU 接收到 HV ECU 发送的目标发动机转速和所需的发动机动力信号,控制 ETCS-i 系统、燃油喷射量、点火正时和 VVT-i 系统,如图 3-65 所示。

1) 发动机 ECU 将发动机工作状态信号发送到混合动力系统 ECU。

2) 按照基本 THS-Ⅱ 控制,在接收到混合动力系统 ECU 发送的发动机停止信号后,发动机 ECU 将使发动机停机。

3) 系统出现故障时,发动机 ECU 通过混合动力系统 ECU 的指令打开检查发动机警告灯。

(3) 变频器控制 (图 3-66) 根据 HV ECU 提供的信号,变频器将 HV 蓄电池的直流电转换为交流电给电机 MG1、电机 MG2 供电,或执行相反的过程。此外,变频器将电机 MG1 的交流电提供给电机 MG2,但是电流从电机 MG1 提供给电机 MG2 时,电流在变频器内转换

单元三 普锐斯混合动力系统构造与维修

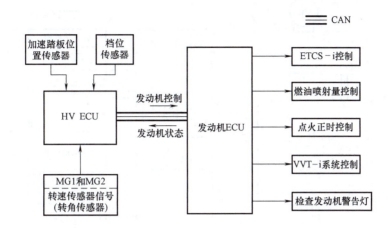

图 3-65 发动机 ECU 控制框图

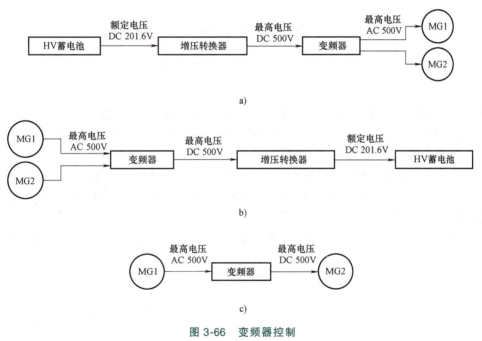

图 3-66 变频器控制
a) 增压转换功能　b) 降压转换功能　c) 电气供电功能

为交流电。

根据电机 MG1、电机 MG2 发送的转子信息和从蓄电池 ECU 发送的 HV 蓄电池 SOC 等信息，HV ECU 将信号发送到变频器内部的功率晶体管来转换电机 MG1、电机 MG2 定子线圈的 U、V 和 W 相。切断电机 MG1、电机 MG2 的电流时，HV ECU 发送信号到变频器。

（4）制动防滑控制 ECU 控制　制动防滑控制 ECU 根据驾驶人踩下制动踏板时制动执行器和制动踏板行程传感器的制动总压力计算所需的总制动力，如图 3-67 所示。

制动防滑控制 ECU 根据总制动力计算所需的再生制动力，将结果发送到 HV ECU。

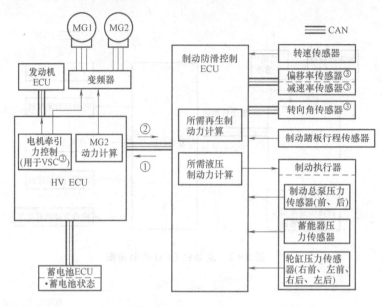

图 3-67 制动防滑控制图

①—再生制动力请求;电机牵引力控制请求(用于 VSC+系统)
②—实际再生制动控制数值;液压制动控制请求(用于下坡辅助控制)
③—仅用于带 VSC+系统的车型

HV ECU 起动电机 MG2 进行反方向转矩控制并执行再生制动功能。

制动防滑控制。ECU 控制制动执行器电磁阀产生轮缸压力,这个轮缸压力是总制动力减去实际再生制动力的数值。

在带 VSC+系统的车型上,车辆在 VSC+系统控制下工作时,制动防滑控制 ECU 发送请求信号到 HV ECU 实施电机牵引力控制,HV ECU 根据当前的车辆行驶状态控制发动机、电机 MG1 和电机 MG2 以抑制动力。

(5) 蓄电池 ECU 控制 (图 3-68) 蓄电池 ECU 检测 HV 蓄电池的 SOC(荷电状态)、温

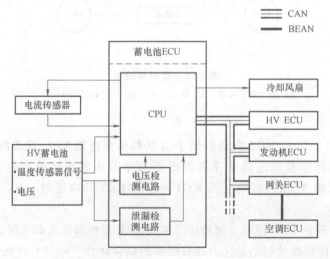

图 3-68 蓄电池 ECU 控制原理框图

度、电压以及是否泄漏,并将这些信息发送到 HV ECU。蓄电池 ECU 通过 HV 蓄电池内的温度传感器检测其温度,并操作冷却风扇来控制温度。

1) HV 蓄电池状态监视控制。蓄电池 ECU 始终监视以下项目并将这些信息发送给 HV ECU:

① 通过 HV 蓄电池内的温度传感器检测 HV 蓄电池温度。
② 通过 HV 蓄电池内的泄漏检测电路检测其是否泄漏。
③ 通过 HV 蓄电池内的电压检测电路检测其电压。
④ 通过电流传感器检测电流。

HV 蓄电池通过估计充电放电电流来计算 SOC。

2) SOC 控制(图 3-69)。车辆行驶时,由于 HV 蓄电池在加速期间给电机 MG2 供电,减速时由再生制动充电而反复经历充电/放电过程。蓄电池 ECU 根据电流传感器检测到的充电/放电水平计算 SOC,并将数据发送到 HV ECU,HV ECU 根据接收的数据控制充电/放电,将 SOC 始终控制在稳定水平。

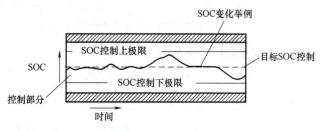

图 3-69 SOC 控制

3) 冷却风扇控制(图 3-70)。蓄电池 ECU 根据 HV 蓄电池内的 3 个温度传感器和 1 个

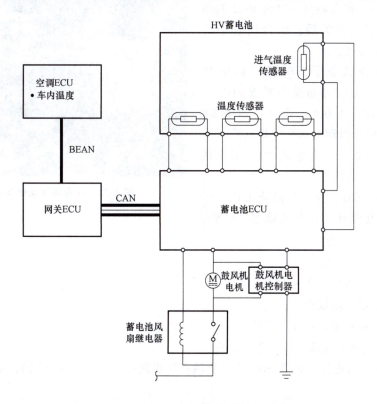

图 3-70 冷却风扇控制框图

进气温度传感器检测到蓄电池温度上升时，蓄电池 ECU 就会在负载循环控制下连续启动冷却风扇，将 HV 蓄电池的温度维持在规定范围内。

当空调系统降低车内温度时，如果检测到 HV 蓄电池温度出现偏差，则蓄电池 ECU 关闭冷却风扇或将其固定在低档转速。该控制的目的是使车内温度首先降下来，这是由于冷却系统的进气口位于车内。

（6）汽车碰撞控制（图3-71） 当汽车发生碰撞时，如果 HV ECU 接收到安全气囊传感器总成发出的安全气囊张开信号或变频器中的断路器发出的执行信号，HV ECU 将关闭 SMR（系统主继电器）从而切断总电源以确保安全。

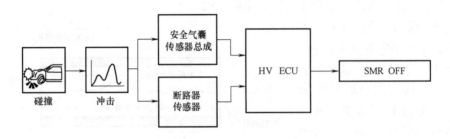

图 3-71 汽车碰撞控制原理

（7）纯电机驱动模式控制 为减小深夜行车、停车时的噪声或在车库中短时间停留减少排气，可以手动按下仪表板上的 EV 模式开关（图3-72），使车辆只受电机 MG2 的驱动。打开 EV 模式开关后，组合仪表中的 EV 模式指示灯将点亮。

在正常行驶状态下，车辆只以电机 MG2 起步，那么加速踏板受力时或 SOC 下降时发动机工作产生动力。但是，如果 EV 模式开关打开后，起动发动机的规定数值将受到修正，以增加在只有电机 MG2 工作状态下的车辆行驶里程。

图 3-72 纯电动驱动模式控制

选择 EV 模式时，发动机停止工作，车辆继续在只有电机 MG2 工作的状态下行驶，除非车辆发生以下情形：

1）EV 模式开关关闭。
2）SOC 下降到规定水平以下。
3）车速超过规定数值。
4）加速踏板角度超过规定数值。
5）HV 蓄电池温度高于正常工作范围。
6）如果 HV 蓄电池在标准 SOC 下，车辆在平坦路面上连续行驶 1~2km 后，EV 模式将关闭。

（8）指示灯和警告灯 THS-Ⅱ系统的指示灯和警告灯的作用见表3-5。

表 3-5　指示灯和警告灯的作用

类　型	作　用
"READY"灯	车辆处于 P 位时,如果驾驶人踩下制动踏板并同时按下起动按钮,此灯闪烁
主警告灯	此警告灯在警告时点亮,它的主要功能是提示驾驶人已出现 THS-Ⅱ 系统中的故障或 HV 蓄电池 SOC 低于标准值等信息 除先前描述的状态外,此灯点亮并且蜂鸣器鸣叫以通知驾驶人出现冷却液温度异常、油压异常、EPS 系统故障或变速器控制 ECU 故障
检查发动机警告灯	发动机控制系统出现故障时打开
放电警告灯	DC 12V 充电系统出现故障时打开;同时,主警告灯将点亮
HV 蓄电池警告灯	此警告灯打开以通知驾驶人 SOC 低于最小标准值(%);同时,主警告灯将点亮
混合动力系统警告灯	此警告灯打开以通知驾驶人 THS-Ⅱ 系统出现故障;同时,主警告灯将点亮

（9）第二代丰田混合动力系统（THS-Ⅱ）　如果 HV ECU、发动机 ECU 或蓄电池 ECU 检测到故障,则 ECU 进行诊断并部分存储。此外,为了通知驾驶人已发生故障,ECU 将检查发动机警告灯、主警告灯或 HV 蓄电池警告灯点亮、闪烁。

HV ECU、发动机 ECU 或蓄电池 ECU 将存储各自故障的 DTC。在常规的 DTC 5 位代码的基础上新添加了 3 位数字信息代码。这样,在故障排除时可进一步缩小怀疑部位以确定故障。可以使用智能测试仪Ⅱ读取 DTC。一些 DTC 较以往更加细化了怀疑部位,同时为其制订了新的 DTC;此外,还增添了与新增项目对应的 DTC。

（10）安全保护　如果 HV ECU 检测到 THS-Ⅱ 系统故障,那么它将根据存储器中的数据控制系统。

五、普锐斯高压断电操作

1. 工具、量具和设备的准备

普锐斯混合动力电动汽车、个人防护装置、工位防护装置、车内三件套、车外三件套、抹布、万用表、绝缘测试仪、车轮挡块等。

2. 操作步骤

1）在明显位置放置警示牌,然后设置隔离栏。

2）检查灭火器。检查灭火器的类型、灭火器的压力是否正常（指针指在绿色区域表明压力正常）、灭火器的销子是否完好。

3）检查检修设备。检查绝缘手套、防电池电解液酸碱性手套、护目镜、安全帽、绝缘鞋、万用表、绝缘测试仪、绝缘垫等。

4）检查车身状况。车辆处于举升机中间位置。

5）放好车轮挡块。

6）安装车内三件套。打开左前车门,车钥匙放入口袋,安装脚垫、座椅套和转向盘套。

7）安装车外三件套。

8）将电源开关置于 OFF 档。

9）断开辅助蓄电池负极电缆,并用绝缘胶布将负极线束及负极桩头包好。

10）拆卸车辆维修开关,静置车辆 5min。

课题二 普锐斯混合动力系统主要部件分析

一、普锐斯混合动力汽车的蓄电池

用于混合动力系统的密封式镍-氢蓄电池具有高功率密度和长使用寿命的特点。混合动力系统控制其充放电速度，使 HV 蓄电池保持恒定的荷电状态（SOC）。

第三代普锐斯混合动力汽车都采用的是镍氢蓄电池。6 个额定 1.2V 的镍氢蓄电池串联组成一个 7.2V 的电池模块，若干组电池模块串联构成蓄电池。第一代蓄电池采用了 38 组模块，总电压为 273.6V；第二代和第三代蓄电池采用了 28 组模块，总电压为 201.6V。

HV 蓄电池、蓄电池 ECU 和 SMR（系统主继电器）集中在一个信号箱中，位于后座后的行李舱中，如图 3-73 所示，这样可更有效地利用车内空间。

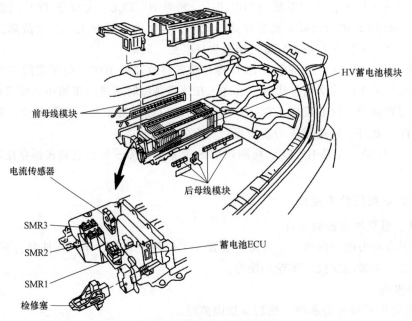

图 3-73 蓄电池主组件位置

位于第 19 到第 20 模块中间的检修塞用于切断电源。维修高压电路的任何部分时，一定要将此检修塞拔下。

充电/放电时，HV 蓄电池会散发热量，为保护蓄电池的性能，蓄电池 ECU 控制冷却风扇工作帮助散热。

1. 检修塞

在检查或维修前拆下检修塞（又称为维修开关）（图 3-74），切断 HV 蓄电池中部的高压电路，可以保证维修期间人员的安全。检修塞总成包括互锁的导线开关，检修时将卡箍翻起，关闭导线开关，进而切断 SMR；但是，为安全考虑，在拔下检修塞前一定要关闭点火开关。高压电路的主熔丝位于检修塞总成的内部。

2. HV 蓄电池冷却系统

重复充电/放电时，HV 蓄电池会产生热量，为确保其工作正常，车辆为 HV 蓄电池配备

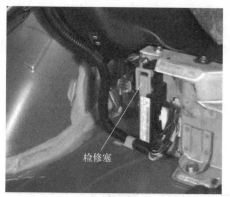 

图 3-74　拆下检修塞

了专用的冷却系统，冷却系统的一般布置如图 3-75 所示。

普锐斯行李舱右侧的冷却风扇可以通过后排座椅右侧的进气口吸出车内空气（图 3-76）；此后，从蓄电池顶部右侧进入的空气从上到下流经蓄电池模块并对其冷却；然后，空气流经排气管和车内，最终排到车外。

蓄电池 ECU 控制冷却风扇的工作，蓄电池 ECU 根据 HV 蓄电池内部的 3 个蓄电池温度传感器和进气温度传感器给出的信号将 HV 蓄电池温度控制在合适的范围。

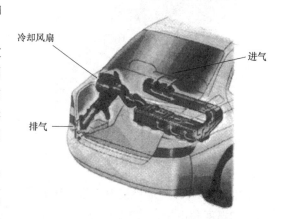

图 3-75　HV 蓄电池冷却系统的布置

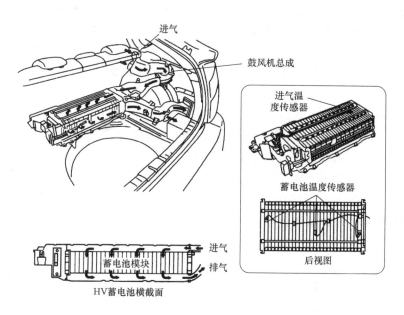

图 3-76　普锐斯 HV 蓄电池冷却系统

3. HV 镍-氢蓄电池

6个串联的1.2V电池组成一个模块,在2004年后出厂的普锐斯混合动力汽车上,28个模块提供201.6V的额定电压(图3-77)。HV 镍-氢蓄电池的电极由多孔镍和金属氢氧化物组成。

4. 蓄电池 ECU

蓄电池 ECU 的位置如图3-78所示,其功能有:

1)估计充放电电流,向 HV ECU 发出充电和放电请求信息,以将 SOC 始终保持在中间水平。

2)估计在充放电期间产生的热量,调整风扇,保持 HV 蓄电池有适当的温度。

图 3-77 HV 镍-氢蓄电池的位置

图 3-78 蓄电池 ECU 的位置

5. 荷电状态(SOC)

蓄电池 ECU 不断地检测 HV 蓄电池温度、电压和电流,也检查 HV 蓄电池是否漏电,监控电池的温度和电压。若检测到故障,限制充电或停止充电以及放电,以保护 HV 蓄电池。

汽车运动时,HV 蓄电池重复地充放电。在加速期间,电池放电驱动 MG2;在减速时,由再生制动充电,蓄电池 ECU 估计充/放电电流,向 HV ECU 输出充/放电请求。

目标 SOC 是60%,若 SOC 降到目标 SOC 以下,HV ECU 会给发动机 ECM 发出信号,增大功率输出,给 HV 蓄电池充电。若 SOC 只降20%,发动机不会发出动力(通常 SOC 从高到低的偏差在20%时为正常);若 SOC 变化量超过20%,这意味着 HV 蓄电池不能修正或保持 SOC 的差值在可接受范围内。

6. 系统主继电器(SMR)

SMR 按照 HV ECU 的指令连接和断开到高压电路的动力。系统共有3个主继电器(负极1个、正极2个),以保证混合动力系统正常运行,如图3-79所示。

电路接通时,SMR1 和 SMR2 导通,SMR1 电路中的电阻保护电路承受过大初始电流。SMR2 导通和 SMR1 断开时电流在电路中可自由流动。

7. 辅助蓄电池(也称备用蓄电池)

普锐斯混合动力汽车采用12V的免维护辅助蓄电池(图3-80),安装在行李舱中。12V的蓄电池与传统汽车蓄电池类似。蓄电池接地到汽车的金属车架,通过一个管与外界空气通风。

辅助蓄电池对高压很敏感,给辅助蓄电池充电时,要用丰田专用充电机,普通充电器没有专用的电压控制,有可能毁坏电池。在充电时,应将蓄电池从车上拆下。如果有2周以上时间不使用汽车,应断开12V辅助蓄电池,防止它放电。

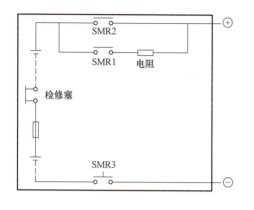

图 3-79 系统主继电器（SMR）

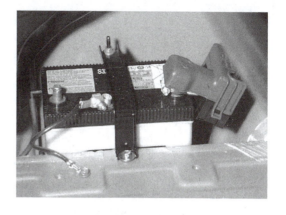

图 3-80 辅助蓄电池

二、普锐斯混合动力汽车的电机/发电机

丰田普锐斯混合动力汽车动力传动系统有两个电机：MG1 和 MG2。

1. 电机 MG1 的作用

1) 作为动力分离装置的控制器件，MG1 与太阳轮相连，动力控制单元按照一定的控制策略改变转速和转矩，从而实现无级变速的功能。

2) 作为发电机将发动机冗余能量转化为电能，给蓄电池充电或给 MG2 供电。

3) 作为发动机的起动机。

2. 电机 MG2 的作用

1) 提供辅助动力，以保证在任何工况下发动机始终在高效区域内工作。

2) 当汽车制动、下坡或驾驶人放松加速踏板时，发动机关闭，MG2 作为发电机，在汽车的惯性下，车轮带动 MG2 发电，将制动能转化为电能储存在蓄电池中。

3. MG2 的输出功率特性和输出转矩特性

第一代电机用串联绕阻方式；第二代电机（图 3-81）用并联绕阻方式，通过升压回路获得约 2 倍于第一代电机的工作电压，并优化了气隙磁场，从而在电机体积略有减小的情况下，提高了转矩和效率；第三代电机（图 3-81）将工作电压提高到 650V，最高输出功率增加了 20%，最高转速提高了约 1 倍，大大缩减了电机的体积和重量。另外，由于体积的减小而造成电机转矩下降，因此第三代普锐斯混合动力汽车的动力系统采用了一个行星齿轮组中的构件作为 MG2 的减速机构。第三代电机 MG2 的输出功率特性如图 3-82 中虚线所示，输出转矩特性如图 3-82 中实线所示。

图 3-81 电机 MG2

三、普锐斯混合动力汽车的底盘

1. 普锐斯混合动力汽车变速驱动桥的组成

普锐斯混合动力汽车采用带行星齿轮组的无级变速机构来达到平稳运行的目的。

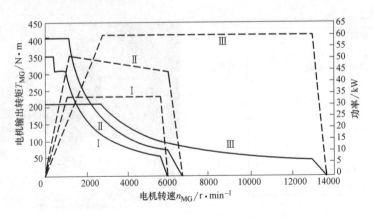

图 3-82 电机 MG2 的输出功率、转矩特性图

变速驱动桥主要包括变速驱动桥阻尼器、MG1、MG2 和减速装置（包括链、中间轴主动齿轮、中间轴从动齿轮、主减速器小齿轮和主减速器环齿轮），如图 3-83 所示。行星齿轮组、MG1、MG2、变速驱动桥阻尼器和主动链轮都安装在同心轴上，动力从主动链轮传输到减速装置。

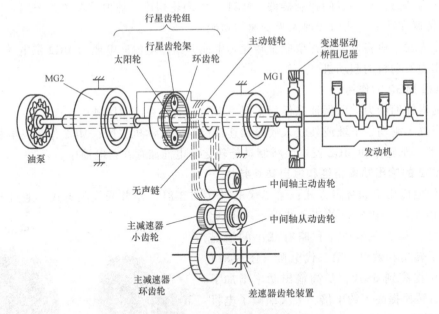

图 3-83 变速驱动桥的组成

2. 普锐斯混合动力汽车变速驱动桥的主要部件

（1）行星齿轮机构　通过行星齿轮组传输的发动机输出功率分为两部分：一部分驱动汽车；另一部分驱动 MG1 用来发电。作为行星齿轮机构的一部分，太阳轮连接到 MG1 上，环齿轮连接到 MG2 上，行星架连接到发动机输出轴上，动力通过链传送到中间轴主动齿轮，如图 3-83 所示。

（2）变速驱动桥阻尼器　普锐斯变速驱动桥阻尼器采用具有低扭转特性的螺旋弹簧。螺旋弹簧的刚度较小，提高了弹簧的减振性能。飞轮的形状得到优化，减轻了重量。变速驱动桥阻尼器传递发动机的驱动力,它包括用干式、单片摩擦材料制成的转矩波动吸收机构。

(3) MG1和MG2　MG1连接在行星齿轮组的太阳轮上,MG2连接在环齿轮上。不要分解MG1和MG2,因为它们都是精密组件。如果这些组件出现故障,则整体更换混合动力变速驱动桥总成。

(4) 减速装置　MG1盖上的链轮支架采用铝材料,中间轴从动齿轮轴采用滚珠轴承承载。减速装置包括无声链、中间轴齿轮和主减速器齿轮。采用小链距的无声链保证安静运行,并且和齿轮传动机构相比,机构的总长度缩短。中间轴齿轮和主减速器齿轮的齿都经过高精密研磨,其齿腹得到了优化,以保证运行的高度安静。主减速器齿轮经过最佳配置,减小发动机中心轴和差速器轴间的距离,使差速器的结构更加紧凑。

(5) 差速器齿轮装置　采用和传统变速驱动桥差速器相类似的小齿轮型差速器齿轮装置。

(6) 润滑装置　行星齿轮组和主轴轴承的润滑使用装有余摆曲线式油泵的强制润滑系统。减速装置和差速器使用同类型的机油。

3. 普锐斯混合动力汽车的换档控制系统

紧凑型变速杆(变速器换档总成)安装在仪表盘上,如图3-84所示,换档后,当驾驶人的手离开变速杆手柄时,手柄会回到原位,驾驶人甚至可以用指尖操作手柄,操作极其便利。

图3-84　紧凑型变速杆

采用电子通信变速系统,变速器换档总成内的档位传感器能检测档位(R、N、D或B)并发送信号到HV ECU。HV ECU控制发动机、MG1和MG2的转速,从而产生最佳齿轮速比,如图3-85所示。

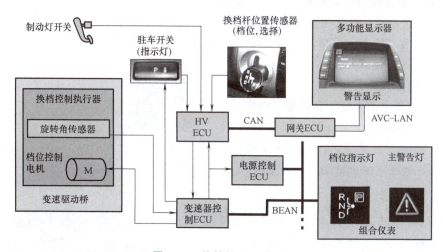

图3-85　换档控制系统原理

普锐斯混合动力汽车采用和换档控制类似的电控装置,当驾驶人按下变速器换档总成顶部的驻车开关时,P位控制系统就会激活混合动力变速驱动桥上的换档控制执行器,机械地锁止中间轴从动齿轮,该齿轮与驻车锁齿轮连接,从而锁止驻车锁。

四、普锐斯变频器的拆装

1. 工具、量具和设备的准备

普锐斯混合动力电动汽车、个人安全防护装置、工位防护装置、万用表、绝缘拆装工具、绝缘测试仪。

2. 拆卸步骤

1)做好工位防护。
2)做好个人防护。
3)断开辅助蓄电池负极电缆,并用绝缘胶布将负极线束及负极桩头包好。
4)静置车辆 5min。
5)拆掉刮水器、刮水器电动机、前机舱遮板等附件。
6)佩戴好个人防护装置,用绝缘工具拆下变频器盖。
7)使用万用表对变频器的正、负极进行验电,确认无高压电或残余电荷后进行下一步操作。
8)断开直流母线。
9)拆卸电容器及其附件总成螺栓,拆开卡扣和线束插接器,取下电容器及其附件。

3. 安装步骤

与拆卸步骤相反。

注意:变频器盖上的开盖互锁装置不要装错,固定螺栓按照标准力矩拧紧。

课题三 普锐斯混合动力系统的维修

一、普锐斯混合动力控制系统的维修

1. 普锐斯混合动力控制系统维修注意事项

普锐斯混合动力系统使用高压电路,因此不正确的操作可能导致电击或漏电。在检修过程中(例如安装、检查、拆卸、更换零部件),必须遵循下列步骤:

(1)对高压系统进行操作时断开电源

1)确保电源开关关闭。
2)从辅助蓄电池上断开负极端子电缆。
3)一定要戴绝缘手套(图 3-86)。

注意:断开电源之后,DTC(故障码)也会被清除,因此断开电源之前必须检查 DTC。

4)拆下检修塞。

注意:1)拆下检修塞后,不要操作电源开关,否则可能损坏混合动力车辆控制 ECU。

2)检修车辆时,应将拆下来的检修塞放到衣袋内,以防止其他人重新连接检修塞。

5)放置车辆 5min。至少需要 5min 对变频器内

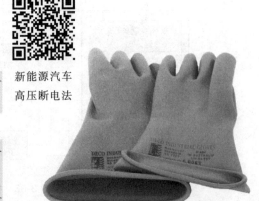

图 3-86 绝缘手套

的高压电容器进行放电。

（2）使用绝缘手套的注意事项

1）戴绝缘手套之前，确保绝缘手套没有破损、破洞或裂纹等，如图 3-87 所示。

2）不要戴湿手套。

（3）线束和插接器的注意事项　高压电路的线束和插接器都是橙色；HV 蓄电池等的高压零部件都贴有"高压"警示，小心不要触碰到这些配线。

（4）进行维修或检查时的注意事项

1）开始工作前，一定要断开电源。

2）检查、维修任何高压配线和零部件时，必须戴绝缘手套。

3）在对高压系统进行操作时，用类似"高压工作，请勿靠近！"的警告牌警示其他人员。

4）不要携带任何类似卡尺或测量卷尺等金属物体，因为这些物体可能掉落而引起短路；拆下任何高压配线后，立刻用绝缘胶带将其绝缘，如图 3-88 所示。

图 3-87　检查绝缘手套

检查辅助绝缘用具

图 3-88　隔离外露区域

5）一定要按规定转矩将高压螺钉端子拧紧，转矩不足或过量都可能导致故障。

6）完成对高压系统的操作后和重新安装检修塞前，应再次确认在工作平台周围没有遗留任何零部件或工具，并确认高压端子已拧紧、插接器已连接。

2. 普锐斯混合动力控制系统电路及主要部件的位置

（1）普锐斯混合动力控制系统电路图　如图 3-89~图 3-92 所示。

（2）普锐斯混合动力控制系统主要部件的位置　普锐斯混合动力控制系统主要部件的位置如图 3-93~图 3-95 所示。

3. 普锐斯混合动力系统的检查

（1）检查变频器　要戴绝缘手套；检查变换器和变频器前先检查 DTC，并进行相应的故障清除。

1）关闭电源开关。

2）拆下检修塞卡箍。

3）拆下变频器盖。

4）如图 3-96 所示，断开连接端子 A 和 B。

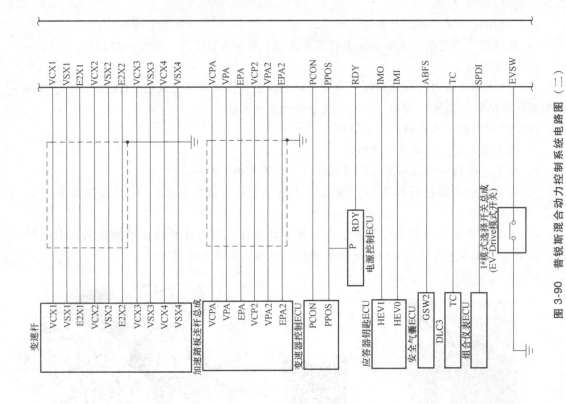

图 3-90 普锐斯混合动力控制系统电路图（二）

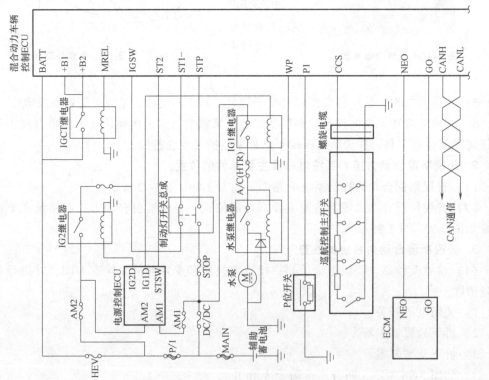

图 3-89 普锐斯混合动力控制系统电路图（一）

单元三 普锐斯混合动力系统构造与维修

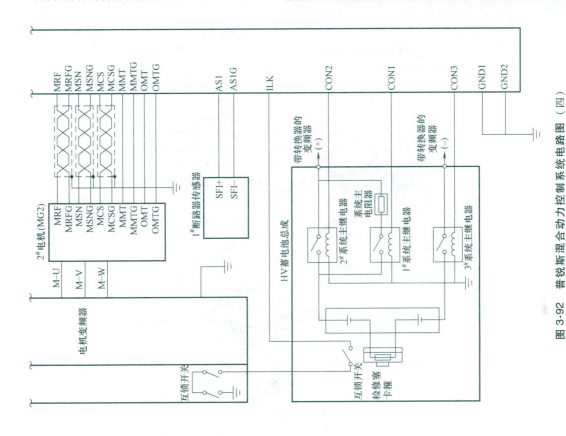

图 3-92 普锐斯混合动力控制系统电路图（四）

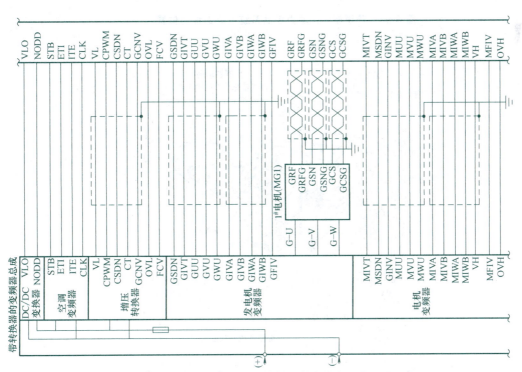

图 3-91 普锐斯混合动力控制系统电路图（三）

99

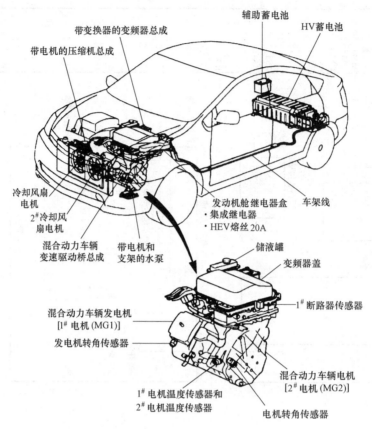

图 3-93 普锐斯混合动力控制系统主要部件的位置（一）

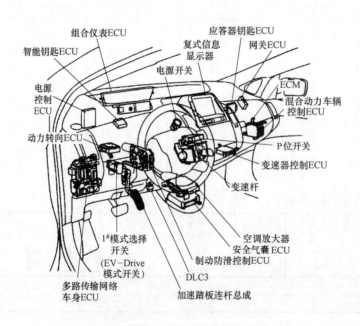

图 3-94 普锐斯混合动力控制系统主要部件的位置（二）

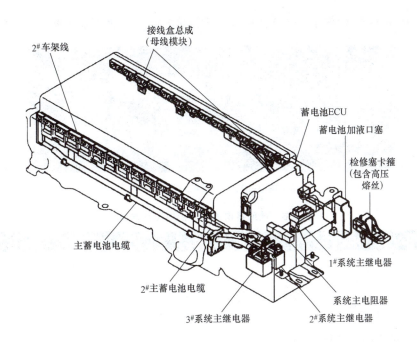

图 3-95 蓄电池系统主要部件的位置

5）打开电源开关（IG 位置）。

注意：拆下检修塞和变频器盖后，如果再打开电源开关（IG 位置），会产生互锁开关系统的 DTC（故障码）。

6）用电压表测量电压，同时用欧姆表测量电阻，这项检查应该在线束侧进行，而不是在端子侧进行。

（2）检查变换器 要戴绝缘手套。如果 HV 系统警告灯（图 3-97）、主警告灯（图 3-98）和放电警告灯（图 3-99）同时亮起，则检查 DTC 并进行相应的故障排除。

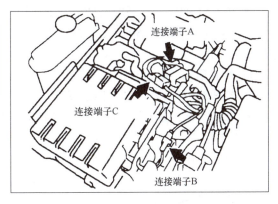

图 3-96 变频器连接端子

图 3-97 HV 系统警告灯

图 3-98 主警告灯

图 3-99 放电警告灯

1）检查运行情况。在"READY"灯（图 3-100）点亮、熄灭时，用电压表测量辅助蓄电池端子的电压。辅助蓄电池端子的电压标准值见表 3-6。

提示:"READY"灯亮时,变换器输出电压;熄灭时,辅助蓄电池输出电压。

图 3-100 "READY"灯

表 3-6 辅助蓄电池端子的电压标准值

"READY"灯	电压/V
ON	14
OFF	12

2)检查输出电流。

① 从变频器上断开 MG1 和 MG2 电线。

② 在如图 3-101 所示位置,安装电压表和交流/直流 400A 的探针。

③ 将 MG1 和 MG2 电线连接到变频器。

④ 在 "READY" 灯亮的条件下,依次操作 12V 的电气设备,然后测量输出电流。

输出电流标准约为 80A 或更小,如果输出电流为 0A 或大于 80A,则检查输入/输出信号。

3)检查输入/输出信号。

① 如图 3-101 所示,断开插接器。

② 用电压表测量车身接地与车辆侧线束插接器的端子间的电压,此电压应与辅助蓄电池端子电压相同。

③ 如图 3-102 所示,断开插接器。

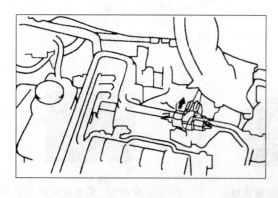

图 3-101 断开插接器(一)

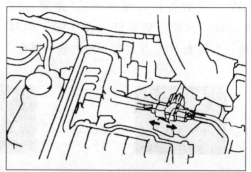

图 3-102 断开插接器(二)

④ 打开电源开关(在 IG 位置),用电压表和欧姆表测量车辆线束侧插接器端子

（图 3-103）间的电压和电阻，插接器端子间的电压和电阻标准值见表 3-7；如果不符合标准值，则更换带变频器的转换器总成。

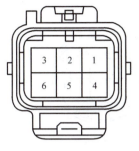

表 3-7 插接器端子间的电压和电阻标准值

测试仪连接	规定条件
端子 5—车身接地（IGCT—车身接地）	8~16V
端子 3—车身接地（S—车身接地）	与辅助蓄电池端子电压相同
端子 1—车身接地（S—车身接地）	120~140Ω

图 3-103 插接器端子

（3）检查速度传感器（图 3-104） 用欧姆表测量端子间的电阻（图 3-105 和图 3-106），速度传感器标准值见表 3-8。如果不符合标准值，则更换混合动力车辆变速驱动桥总成。

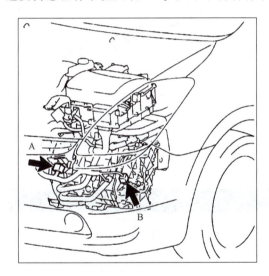

图 3-104 检查速度传感器

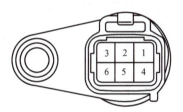

图 3-105 插接器 A

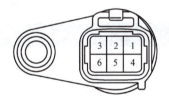

图 3-106 插接器 B

表 3-8 速度传感器标准值

测试仪连接	规定条件
A1—A4（GCS—GCSG）	12.6~16.8Ω
A2—A5（GSN—GSNG）	12.6~16.8Ω
A3—A6（GRF—GRFG）	7.65~10.2Ω
B1—B4（MRF—MRFG）	7.65~10.2Ω
B2—B5（MSN—MSNG）	12.6~16.8Ω
B3—B6（MCS—MCSG）	12.6~16.8Ω
上述所有端子—变速驱动桥壳	10kΩ 或更大

（4）检查温度传感器（图3-107） 用欧姆表测量端子间的电阻（图3-108和图3-109），端子间的电阻标准值见表3-9。标准值随着传感器温度改变而改变。如果不符合标准值，则更换混合动力车辆变速驱动桥总成。

图 3-107 检查温度传感器

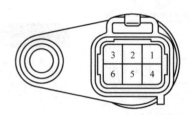

图 3-108 插接器 C

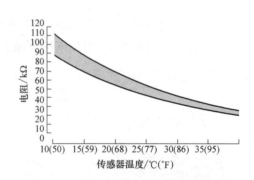

图 3-109 端子间的电阻随温度传感器温度的变化

表 3-9 端子间的电阻标准值

测试仪连接	规定条件
C1—C4(MMT—MMTG)	10℃时,87.3～110.5kΩ
	40℃时,23.8～28.5kΩ
C3—C6(OMT—OMTG)	10℃时,87.3～110.5kΩ
	40℃时,23.8～28.5kΩ
上述所有端子—变速驱动桥壳	10kΩ 或更大

（5）检查加速踏板位置传感器 不要从加速踏板上拆下加速踏板位置传感器，应在插接器的混合动力车辆控制 ECU 侧进行检查。

1）打开电源开关（在 IG 位置）。

2）用电压表测量，加速踏板位置传感器端子间的电压（图 3-110 中的插接器 B），端子间的电压标准值见表 3-10。如果不符合标准值，则更换加速踏板连杆总成。

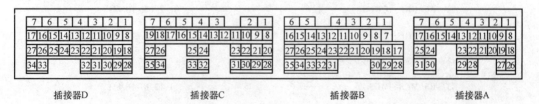

图 3-110 混合动力车辆控制 ECU 端子

表 3-10　加速踏板位置传感器端子间电压标准值

端子	测量条件	规定条件
B25—B27（VCP1—EP1）	正常	4.5~5.5V
B26—B27（VPA1—EP1）	不要踩下加速踏板	0.5~1.1V
B26—B27（VPA1—EP1）	逐渐踩下加速踏板	电压缓慢升高
B26—B27（VPA1—EP1）	完全踩下加速踏板	2.6~4.5V
B33—B35（VCP2—EP2）	正常	4.5~5.5V
B34—B35（VPA2—EP2）	不要踩下加速踏板	1.2~2.0V
B34—B35（VPA2—EP2）	逐渐踩下加速踏板	电压缓慢升高
B34—B35（VPA2—EP2）	完全踩下加速踏板	3.4~5.3V

4. 普锐斯混合动力控制系统的故障诊断

（1）故障诊断步骤

步骤1：车辆进入车间。

步骤2：分析客户所述故障。

步骤3：将智能测试仪Ⅱ（IT-Ⅱ）连接到DLC3（数据链路插接器），如果测试仪显示通信故障，检查DLC3。

步骤4：检查并记录DTC和定格数据，如果输出与CAN通信系统有关故障的DTC，首先检查并修理CAN通信。

步骤5：清除DTC。

步骤6：故障症状确认，若故障未出现，进行步骤7；若故障出现，进行步骤8。

步骤7：症状模拟。

步骤8：检查DTC。

步骤9：查DTC表。

步骤10：电路检查。

步骤11：故障识别。

步骤12：调整或修理。

步骤13：确认故障试验。

步骤14：结束。

注意：步骤3~5、步骤8使用智能测试仪Ⅱ。

智能测试仪Ⅱ（Intelligent TesterⅡ）如图3-111所示，是丰田汽车公司推出的第二代汽车检测仪，支持丰田和雷克萨斯所有装备CAN BUS系统的车型。智能测试仪Ⅱ采用手持电脑，结构紧凑坚固，触摸屏操作，中文显示。诊断功能支持所有可诊断系统，如防盗、ABS、安全气囊、发动机和变速器

图 3-111　智能测试仪Ⅱ（Intelligent TesterⅡ）

等。智能测试仪Ⅱ内置双通道示波器和万用表,极大地扩展了仪器功能。

(2)故障自诊断系统 HV 控制 ECU 有自我诊断系统。如果不正当操作混合动力车辆控制系统或其他组件,ECU 会检测出故障,使组合仪表上的主警告灯(图 3-98)点亮,或者在复式显示器上其他灯点亮,如 HV 系统警告灯(图 3-97)、放电警告灯(图 3-99)或 HV 蓄电池警告灯(图 3-112)。

主警告灯点亮表示 THS-Ⅱ有故障,在检查模式下主警告灯闪烁。

将智能测试仪Ⅱ连接到车辆上,并读取车辆 ECU 输出的各类数据。车载计算机在检测到本身或驾驶系统组件故障时,会点亮仪表盘上的发动机检查警告灯(CHK ENG 灯,如图 3-113 所示)。另外,可应用的诊断故障码(DTC)被保存在 HV 控制 ECU 存储器中。如果故障没有重现,则 CHK ENG 灯会在电源关闭后关闭,而 DTC 将继续保存在 HV ECU 存储器中。

图 3-112 HV 蓄电池警告灯

图 3-113 发动机检查警告灯

将智能测试仪Ⅱ连接到车辆的数据链路插接器 3(DLC3)上(图 3-114),以便检测 DTC。智能测试仪Ⅱ还可以帮助清除 DTC,或者检测定格数据和不同类型的 THS-Ⅱ数据。

1)检查 DLC3。HV 控制 ECU 使用 ISO 9141-2(Euro-OBD)/ISO 14230(M-OBD)通信协议。DLC3 的端子排列顺序符合 ISO 15031-03 标准并与 ISO 91412/ISO 14230 格式相匹配。数据链路插接器 3(DLC3)如图 3-115 所示,其含义见表 3-11。

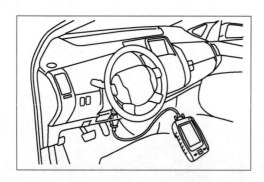

图 3-114 智能测试仪Ⅱ与车辆的数据
链路插接器 3(DLC3)的连接

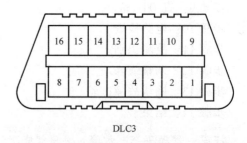

图 3-115 数据链路插接器 3(DLC3)

表 3-11 数据链路插接器 3(DLC3)部分端子的含义

端子号	符号	名称	结果	条件
4	CG	底盘接线	1Ω 或更小	始终
5	SG	信号接地	1Ω 或更小	始终
7	SIL	总线"+"连线	产生脉冲	通信过程中
16	BAT	蓄电池正极	11~14V	始终

如果将智能测试仪Ⅱ电缆连接到DLC3上,打开电源开关并操作智能测试仪Ⅱ,而显示器没有显示任何有效信息,表明车辆或者测试仪本身有故障。

将测试仪连接到其他车辆上,如果在同样模式下通信正常,则检查原车辆的DLC3和通信总线。

将测试仪连接到其他车辆上,如果在同样模式下通信仍然异常,则测试仪本身可能有故障,请咨询操作手册上列出的相关维修部门。

2)检查辅助蓄电池。

① 测量辅助蓄电池电压。电压标准值为11~14V。

② 检查辅助蓄电池、熔丝、线束、插接器和接地。

3)检查CHK ENG灯。

① 电源开关打开和"READY"灯关闭时,"CHK ENG"灯点亮。如果"CHK ENG"灯没有点亮,则对"CHK ENG"灯电路进行故障排除。

② "READY"灯点亮时,"CHK ENG"灯应熄灭。如果"CHK ENG"灯一直亮,则诊断系统已在系统中检测到故障或异常。

4)DTC检查/清除。

① 检查DTC(混合动力控制)。

a. 将智能测试仪Ⅱ连接主DLC3。

b. 打开电源开关(在IG位置)。

c. 在系统选择界面中,进入Powertrain/Hybrid Control/DTC(图3-116)菜单,读取控制系统的DTC。

② 检查定格数据和信息。

a. 如果DTC出现,则选择该DTC以显示定格数据,如图3-117所示。

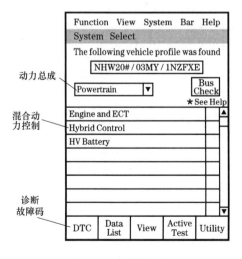

图3-116 系统选择

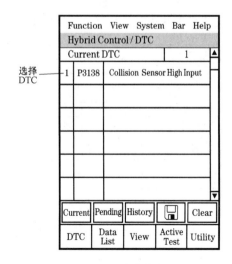

图3-117 定格数据

b. 在检测DTC时读取已储存的定格数据,如图3-118所示。

c. 读取信息。

a)在含有 INF 代码的详细代码中选择详细信息。

提示:如图 3-119 所示,详细代码 2 含有 INF 代码 349。在这样的情况下,请选择详细信息 2。

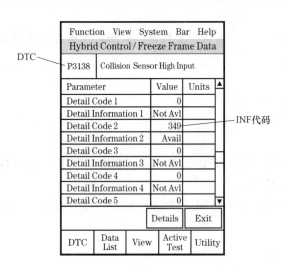

图 3-118 信息代码(INF 代码)显示

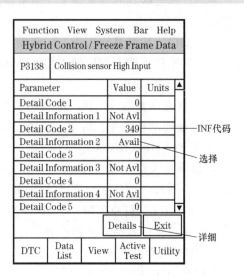

图 3-119 详细信息

b)按下"Details"键。

c)显示信息,如图 3-120 所示。

③ 检查 DTC(总线检查)。

a. 在系统选择界面中选择总线检查,如图 3-121 所示。

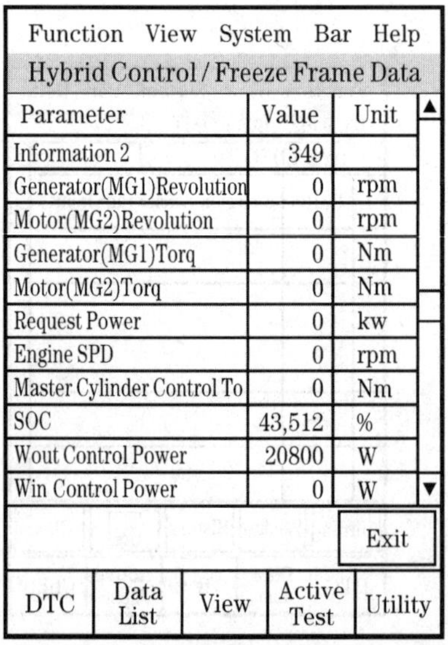

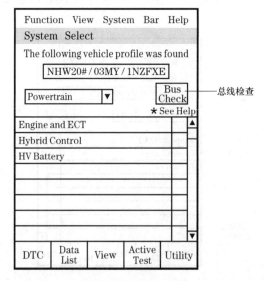

图 3-120 显示的信息

图 3-121 总线检查

b. 在总线检查界面中,选择通信故障 DTC,来读取通信故障 DTC,如图 3-122 所示。如果在其他 DTC 检测过程中发现 CAN 通信系统 DTC,首先在 CAN 通信系统中排除故障。

④ 检查 DTC（除混合动力控制系统外）。HV 控制 ECU 和计算机保持相互通信，包括 ECM、蓄电池 ECU、制动防滑控制 ECU、动力转向 ECU 和其他部分。因此，如果 HV 控制 ECU 输出警告信号，则有必要检查和记录上述系统的 DTC。

　　a. 在系统选择界面中，进入下列菜单：Utility/All Codes。

　　b. 如果出现 DTC，如图 3-123 所示，则检查相应系统。

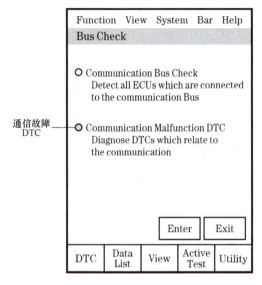

图 3-122　通信故障 DTC

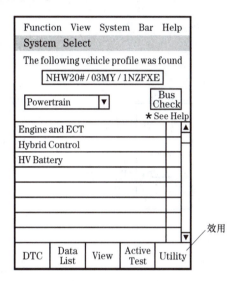

图 3-123　DTC 显示

⑤ 清除 DTC。

　　a. 将智能测试仪 II 连接到 DLC3。

　　b. 打开电源开关（IG 位置）。

　　c. 打开智能测试仪 II。

　　d. 检查档位是否在 P 位。

　　e. 打开混合动力控制/DTC 界面，并按下界面右下清除键，如图 3-124 所示，清除 DTC 的同时会清除定格数据、信息。

5. 故障诊断实例

驱动电机变频器电压过低故障的 DTC 为 P0A78，其含义见表 3-12。

1）电路。变频器内包含一个三相桥电路，如图 3-125 所示，它由功率晶体管组成，用来转换直流电和三相交流电。HV ECU 控制晶体管的激活。

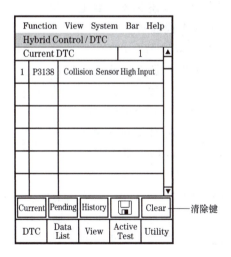

图 3-124　清除 DTC

HV ECU 使用电压传感器，内置于变频器中，用来检测升压后的高压并进行升压控制。

变频器电压传感器根据高压的不同输出一个 0～5V 的电压值。高压越高，输出电压越高；高压越低，输出电压越低，如图 3-126 所示。HV ECU 监控变频器电压并检测故障。

表 3-12 驱动电机变频器电压过低故障 DTC 含义

DTC	INF 代码	DTC 检测条件	故障可能发生部位
P0A78	266	变频器电压(VH)传感器电路开路或 GND 短路	·线束或插接器 ·带转换器的变频器总成 ·HV 控制 ECU
P0A78	267	变频器电压(VH)传感器电路+B 短路	·线束或插接器 ·带转换器的变频器总成 ·HV 控制 ECU

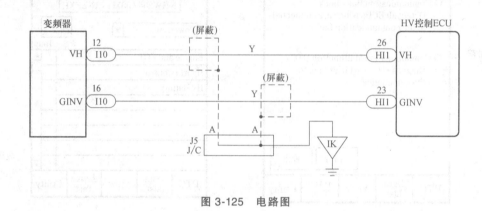

图 3-125 电路图

2）检查步骤。在检查高压系统之前，采取安全措施以避免发生触电事故，如戴上绝缘手套来拆检修塞。

① 读取输出的 DTC（混合动力控制）。

a. 将智能测试仪Ⅱ连接至 DLC3。

b. 打开电源开关（在 IG 位置）。

c. 打开智能测试仪Ⅱ。

d. 进入智能测试仪Ⅱ的下列菜单：Powertrain/Hybrid Control/DTC。

e. 读取 DTC。

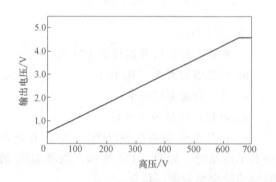

图 3-126 变频器电压传感器输出电压

输出 DTC P0A1D，若输出 DTC，转到相关的 DTC 表；若无 DTC 输出，则转到步骤②。

② 读取智能测试仪Ⅱ的数据（升压后 VH 电压）。

a. 将智能测试仪Ⅱ连接至 DLC3。

b. 打开电源开关（IG 位置）。

c. 打开智能测试仪Ⅱ。

d. 进入智能测试仪Ⅱ的下列菜单：Powertrain/Hybrid Control/Data List。

e. 智能测试仪Ⅱ显示出升压数据后读取 VH 电压（表 3-13），如果存在+B 电路短路，则智能测试仪Ⅱ显示 765V；如果存在电路开路或 GND 短路，则智能测试仪Ⅱ显示 0V。

表 3-13 智能测试仪 Ⅱ 显示结果

电压显示/V	转到
765	下一步
0	故障诊断步骤 5[①]
1~764	检查间歇性故障

① 参见本单元课题三中的混合动力控制系统的故障诊断步骤 5。

③ 读取智能测试仪 Ⅱ 的数据（检查线束是否+B 短路）。

操作前戴上绝缘手套。

a. 关闭电源开关。

b. 拆下检修塞。拆下检修塞后，打开电源开关（"READY"灯亮）可能导致故障，因此，这时一定不要打开电源开关。

c. 拆下变频器盖。

d. 断开 I10 变频器插接器，如图 3-127 所示。

e. 打开电源开关（IG 位置）。

注意：拆下检修塞和变频器盖后，如果打开电源开关（IG 位置），则将输出互锁开关系统的 DTC。

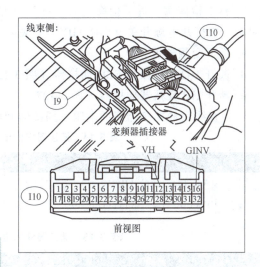

图 3-127 变频器插接器

f. 进入智能测试仪 Ⅱ 的下列菜单：Powertrain/Hybrid Control/Data List。

g. 智能测试仪 Ⅱ 显示出数据后读取 VH 电压（图 3-128），其标准为 0V。

h. 关闭电源开关。

i. 重新连接变频器插接器。

j. 重新安装变频器盖。

k. 重新安装检修塞，若异常，进行步骤④；若正常，更换带转换器的变频器总成。

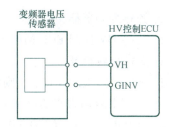

图 3-128 变频器电压传感器电路

④ 读取智能测试仪 Ⅱ 的数据（检查混合动力车辆控制 ECU 是否+B 短路）。

a. 断开 HV 控制 ECU 插接器的 HI1 端子（图 3-129）。

b. 打开电源开关（IG 位置），注意，拆下检修塞和变频器盖后，如果打开电源开关，则输出互锁开关系统的 DTC。

c. 进入智能测试仪 Ⅱ 的下列菜单：Powertrain/Hybrid Control/Data List。

图 3-129 HV 控制 ECU 插接器

d. 智能测试仪Ⅱ显示出数据后读取 VH 电压（图 3-128），其标准为 0V。

e. 重新连接 HV 控制 ECU 插接器，若异常，更换混合动力车辆控制 ECU；若正常，修理或更换线束或插接器。

⑤ 检查线束和插接器（HV 控制 ECU 变频器）。

操作前戴上绝缘手套。

a. 关闭电源开关。

b. 拆下检修塞。拆下检修塞后，打开电源开关（"READY"灯亮）可能导致故障，这时一定不要打开电源开关（"READY"灯亮）。

c. 拆下变频器盖。

d. 断开 HI1 HV 控制 ECU 插接器（图 3-129）。

e. 断开 I10 变频器插接器（图 3-127）。

f. 检查线束侧插接器间的电阻，插接器间的电阻标准值见表 3-14 和表 3-15。

表 3-14 插接器间的电阻标准值（开路检查）

测试仪连接	规定条件
VH(HI1—26)—VH(I10—12)	小于 1Ω
GINV(HI1—23)—GINV(I10—16)	小于 1Ω

表 3-15 插接器间的电阻标准值（短路检查）

测试仪连接	规定条件
VH(HI1—26) 或 VH(I10—12)—车身接地	10kΩ 或更大
GINV(HI1—23) 或 GINV(I10—16)—车身接地	10kΩ 或更大

g. 连接变频器插接器。

h. 连接 HV 控制 ECU 插接器。

i. 安装变频器盖。

j. 安装检修塞，若异常，则修理或更换线束或插接器。

⑥ 检查混合动力车辆控制 ECU（VH 电压）。

a. 打开电源开关（"READY"灯亮）。拆下检修塞和变频器盖后，如果打开电源开关（IG 位置），则将输出互锁开关系统的 DTC。

b. 测量 HI1 HV 控制 ECU 插接器端子间的电压（表 3-16）。如果异常，则更换带转换器的变频器总成；如果正常，则更换混合动力车辆控制 ECU。

表 3-16 HI1 HV 控制 ECU 插接器端子间的电压

测试仪连接	规定条件
VH(HI1—26)—GINV(HI1—23)	1.6~3.8V

二、混合动力电池系统的维修

1. 混合动力电池系统的控制功能

（1）HV 蓄电池总成管理和安全保护功能

1）在驾驶过程中，加速时蓄电池总成反复放电，而通过制动被充电，蓄电池 ECU 根据电压、电流和温度测算 HV 蓄电池的 SOC（荷电状态），然后将结果输送给控制 ECU。结果，HV 控制 ECU 根据 SOC 执行充电/放电控制。

2) 如果故障发生，则蓄电池 ECU 执行安全保护功能，依照故障程度保护 HV 蓄电池总成。

（2）蓄电池鼓风机电机控制　车辆行驶时，为了控制 HV 蓄电池总成温度的上升，蓄电池 ECU 依照 HV 蓄电池总成温度决定并控制蓄电池鼓风机总成的操作模式。

2. 混合动力电池系统电路

混合动力电池系统电路如图 3-130 所示。

3. HV 蓄电池总成的主要部件

HV 蓄电池总成的主要部件如图 3-131 所示。

4. 混合动力电池系统的检查

（1）检查蓄电池加液口塞的导通性

1）用万用表测量端子间的电阻，如图 3-132 所示。

电阻标准值为 10Ω 或更大，如果不符合标准值，则更换蓄电池加液口塞。

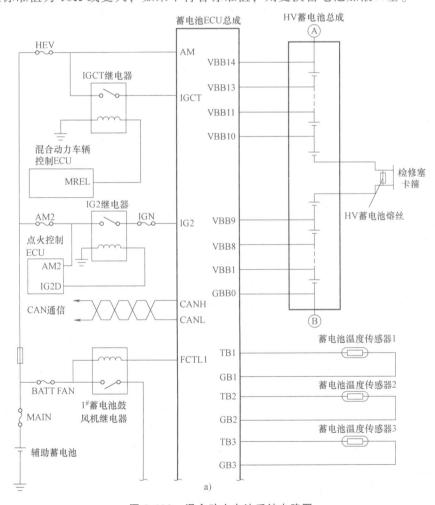

图 3-130　混合动力电池系统电路图

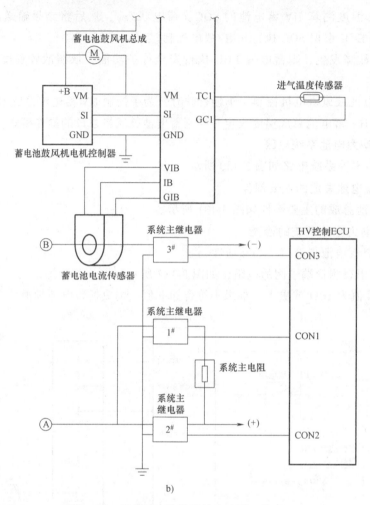

图 3-130 混合动力电池系统电路图（续）

2）将检修塞安装到固定座上。

3）用万用表测量端子间的电阻，如图 3-133 所示。

标准：小于 1kΩ。如果不符合标准值，则更换蓄电池加液口塞。

（2）检查 1 号系统主继电器　插接器 B 和 C 形状相同。通过端子一侧的线束长度（L）和线束颜色（表 3-17）来区分每一个插接器，如图 3-134 所示。

1）检查导通性。

① 用万用表测量插接器间的电阻（表 3-18）。如果不符合标准值，则更换 1 号系统主继电器。

② 在正极和负极端子间提供电压，然后用欧姆表测量端子 6 和 A1（CONT1）间的电阻。

标准：小于 1Ω。如果不符合标准值，则更换 1 号系统主继电器。

2）检查电阻。用万用表测量端子 6 和 A1（CONT1）间的电阻。标准：70～160Ω。如果不符合标准值，则更换 1 号系统主继电器。

（3）检查 2 号系统主继电器

1）将两个已安装的螺母安装到负极和正极端子（安装转矩为 5.6N·m）。

单元三 普锐斯混合动力系统构造与维修

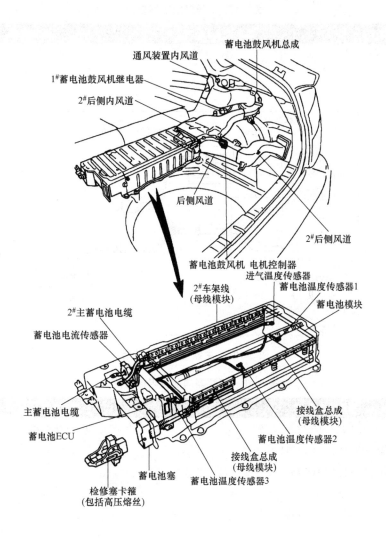

图 3-131 HV 蓄电池总成的主要部件

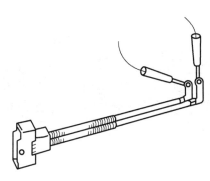

图 3-132 测量端子间的电阻（一）

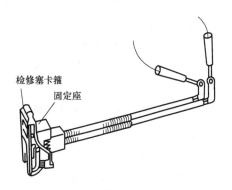

图 3-133 测量端子间的电阻（二）

表 3-17　1 号系统主继电器

插接器	线束长度 L	线束颜色
B	短	黄色
C	长	黑色

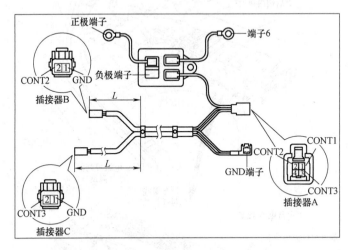

图 3-134　主继电器的插接器

表 3-18　插接器间的电阻标准值

测量插接器	规定条件
正极端子—负极端子	10kΩ 或更大
A2(CONT2)—B1(CONT2)	小于 1Ω
A3(CONT3)—C1(CONT3)	小于 1Ω
端子 B1(GND)—GND	小于 1Ω
端子 C2(GND)—GND	小于 1Ω

2) 检查导通性。

① 用万用表测量正极和负极端子间的电阻,如图 3-135 所示。标准:10kΩ 或更大。如果不符合标准值,则更换 2 号系统主继电器。

② 在插接器端子间加蓄电池电压,然后用欧姆表测量正极和负极端子间的电阻。标准:小于 1Ω。如果不符合标准值,则更换 2 号系统主继电器。

3) 检查电阻。用万用表测量插接器端子间的电阻。标准:20~50Ω。如果不符合标准值,则更换 2 号系统主继电器。

(4) 检查 3 号系统主继电器

1) 将螺母安装到负极和正极端子上(安装转矩为 5.6N·m)。

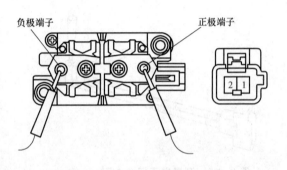

图 3-135　2 号系统主继电器

2）检查导通性。

① 用万用表测量正极和负极端子间的电阻。标准：10kΩ 或更大。如果不符合标准值，则更换 3 号系统主继电器。

② 在插接器端子间加蓄电池电压，然后用万用表测量正极和负极端子间的电阻。标准：小于 1Ω。如果不符合标准值，则更换 3 号系统主继电器。

3）检查电阻。用万用表测量插接器端子间的电阻。标准：20～50Ω。如果不符合标准值，则更换 3 号系统主继电器。

（5）检查蓄电池电流传感器的电阻

1）用万用表测量端子 1（VIB）和端子 2（GIB）间的电阻，如图 3-136 所示。如果不符合标准值（电阻标准值见表 3-19），则更换蓄电池电流传感器。

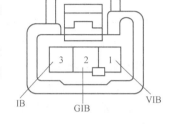

图 3-136　蓄电池电流传感器

表 3-19　端子 1（VIB）和端子 2（GIB）间的电阻标准值

测试仪连接	规定条件	测试仪连接	规定条件
正极探针连接端子 1(VIB) 负极探针连接端子 2(GIB)	3.5～4.5kΩ	正极探针连接端子 2(GIB) 负极探针连接端子 1(VIB)	5～7kΩ

2）用万用表测量端子 1（VIB）和端子 3（IB）间的电阻。如果不符合标准值（电阻标准值见表 3-20），则更换蓄电池电流传感器。

表 3-20　端子 1（VIB）和端子 3（IB）间的电阻标准值

测试仪连接	规定条件	测试仪连接	规定条件
正极探针连接端子 1(VIB) 负极探针连接端子 3(IB)	3.5～4.5kΩ	正极探针连接端子 3(IB) 负极探针连接端子 1(VIB)	5～7kΩ

3）用万用表测量端子 2（GIB）和端子 3（IB）间的电阻。标准：0.2kΩ 或更小，即使探针变换位置，电阻也不变。如果不符合标准值，则更换蓄电池电流传感器。

（6）检查系统主电阻器　用万用表测量端子间的电阻，如图 3-137 所示。标准：18～22Ω。如果不符合标准值，则更换系统主电阻器。

（7）检查 1 号蓄电池鼓风机继电器　用万用表测量端子间的电阻，如图 3-138 所示。如果不符合标准值（电阻标准值见表 3-21），则更换 1 号蓄电池鼓风机继电器。

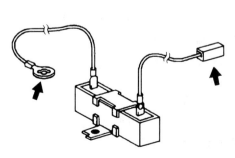

图 3-137　系统主电阻器端子

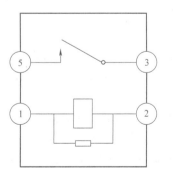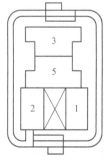

图 3-138　1 号蓄电池鼓风机继电器

表 3-21　1 号蓄电池鼓风机继电器电阻标准值

测试仪连接端子	规定条件
3—5	10kΩ 或更大
3—5	小于 1Ω(将蓄电池电压加到端子 1 和端子 2 上)

5. 蓄电池系统的自诊断系统

蓄电池 ECU 有一个自诊断系统，如果计算机、HV 蓄电池系统或组件工作异常，则 ECU 诊断出不正确的操作以便检查故障，并在点亮复式显示器上的 HV 系统警告灯的同时点亮组合仪表上的主警告灯。

当 HV 蓄电池系统存在故障时主警告灯亮，在检查模式下，主警告灯闪烁。

需要将智能测试仪 Ⅱ 连接到车辆上，并读取到输出的各种数据。当计算机检测到计算机本身或驱动系统故障时，车载计算机点亮仪表板上的检查警告灯（"CHK ENG"）。另外，相对应的诊断代码（DTC）被记录在蓄电池 ECU 存储器中。

如果没有再出现故障，当断开电源开关时，则"CHK ENG"灯将会熄灭，但是 DTC 仍然存储在蓄电池 ECU 存储器中。

为了检查 DTC，将智能测试仪 Ⅱ 连接到数据链路插接器 3（DLC3），也可用智能测试仪 Ⅱ 清除 DTC，并检查 HV 蓄电池的定格数据。

（1）检查辅助蓄电池　测量辅助蓄电池电压。电压：11～14V。检查辅助蓄电池、熔丝、线束、插接器和接地情况。

（2）检查"CHK ENG"灯

1）当打开电源开关或断开"READY"灯时，CHK ENG 灯点亮。如果 CHK ENG 灯没有亮，则对 CHK ENG 电路进行故障排除。

2）当接通"READY"灯时，CHK ENG 灯应该熄灭。如果 CHK ENG 灯仍然点亮，则诊断系统已检测到系统异常。

（3）DTC 检查/清除

1）检查 DTC（HV 蓄电池系统）。

① 将智能测试仪 Ⅱ 连接至 DLC3。

② 打开电源开关（在 IG 位置）。

③ 打开智能测试仪 Ⅱ。

④ 在系统选择屏幕上，进入以下菜单：Powertrain/HV Battery/DTC。读取 HV 蓄电池系统的 DTC，如图 3-139 所示。

2）检查定格数据。

① 如果出现 DTC，则选择该 DTC 以显示它的定格数据，如图 3-140 所示。

② 在进行 DTC 检测时，读取记录的定格数据，如图 3-141 所示。

3）检查 DTC（总线检查）。

① 在系统选择屏幕上，选择 Bus Check，如图 3-142 所示。

② 在 Bus Check 屏幕上，选择 Communication Malfunction DTC，以便读取通信故障 DTC，如图 3-143 所示。如果除了出现其他 DTC 外，还出现 CAN 通信系统 DTC，则首先进行 CAN 通信的故障排除并修理故障。

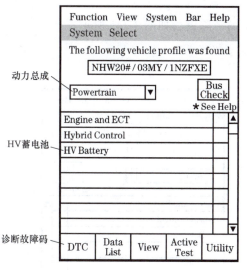

图 3-139 系统选择屏幕

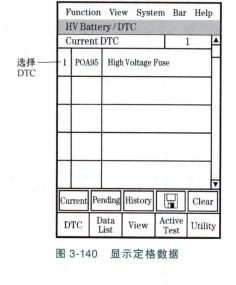

图 3-140 显示定格数据

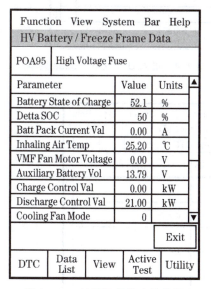

图 3-141 读取记录的定格数据

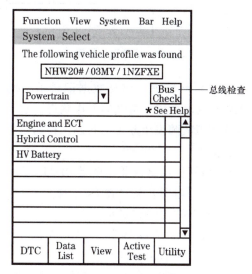

图 3-142 总线检查

4）检查 DTC（除 HV 蓄电池外的系统）。蓄电池 ECU 保持与 ECM、HV 控制 ECU 及其他设备在内的计算机之间的通信。所以，如果蓄电池 ECU 输出一个警告，则有必要检查并记录所有系统的 DTC。

① 在系统选择屏幕上，进入以下菜单：Utility/All Codes，如图 3-144 所示。

② 如果出现 DTC，则检查相关的系统。

5）清除 DTC。

① 将智能测试仪 II 连接至 DLC3。

② 打开电源开关（在 IG 位置）。

③ 打开智能测试仪 II。

④ 检查变速杆是否在 P 位。

⑤ 显示 HV Battery/DTC 屏幕并按下屏幕右下的清除键，如图 3-145 所示。

注意： 清除 DTC 也会清除定格数据。

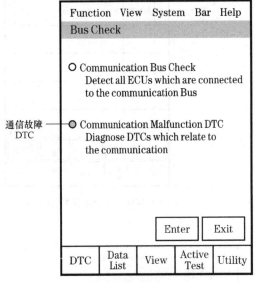

图 3-143　读取通信故障 DTC

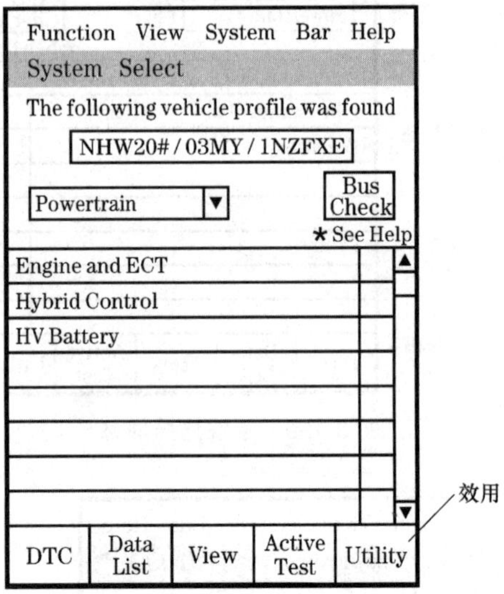

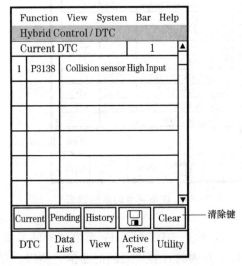

图 3-144　进入 Utility/All Codes 菜单

（4）定格数据　定格数据记录了检测 DTC 时 HV 蓄电池系统和组件的工作状态。它有利于确定或模拟故障发生车辆的状态。检测定格数据的步骤如下：

1）将智能测试仪 Ⅱ 连接至 DLC3。

2）打开电源开关（在 IG 位置）。

3）打开智能测试仪 Ⅱ。

4）在系统选择屏幕上，进入以下菜单：Powertrain/HV Battery/DTC。

5）选择 DTC，以便显示它的定格数据。

6）检查已经检测到的 DTC 的定格数据，见表 3-22。

（5）Data List/Active Test（数据表/动态测试）

1）Data List（数据表）。

测量数据的环境和车辆的使用年限的差异导致所测数值有微小差异，也会导致数据表发生很大改变。确定的标准或判断值是没有的，即使测量数值在参考范围之内，也可能存在故障，见表 3-23。

在复杂症状下，应在相同的条件下收集同一车型的另一车辆的样本数据，以此通过 Data List（数据表）的全部项目相比较，得到一个全面的判断。

图 3-145　HV Battery/DTC 屏幕

表 3-22　定格数据

智能测试仪显示（缩写词汇）	测试项目/范围	故障出现时车辆可疑状态
蓄电池荷电状态(Battery SOC)	蓄电池荷电状态/最低:0%,最高:100%	HV 蓄电池荷电状态
SOC 变化量(Detla SOC)	在每一蓄电池盒内最大和最小值间的差异/最小:0%,最大:100%	SOC 改变
蓄电池组电流值(IB Battery)	蓄电池组的电流值/最小:-327.68A,最大:327.68A	HV 蓄电池的充电和放电条件:1)电流值为正值时放电;2)电流值为负值时充电
吸入空气温度(Batt Inside Air)	吸入蓄电池组的室外空气温度/最低:-327.68℃,最高:327.68℃	吸入蓄电池组的室外空气温度
VMF 风扇电机电压(VMF Fan Voltage)	蓄电池鼓风机电机电压/最低:0V,最高:25.4V	蓄电池鼓风机电机的转动条件
辅助蓄电池电压(Aux. Batt V)	辅助蓄电池电压/最低:0V,最高:25.4V	辅助蓄电池状态
充电控制数值(WIN)	从蓄电池 ECU 输送到 HV 控制 ECU 的充电控制功率/最低:-64kW,最高:0kW	HV 蓄电池充电功率
放电控制数值(WOUT)	从蓄电池 ECU 输送到 HV 控制 ECU 的放电控制功率/最小:0kW,最大 63.5kW	HV 蓄电池放电功率
冷却风扇模式(Cooling Fan Spd)	蓄电池鼓风机电机驱动模式/最小:0,最大:6	停止:0 从低速向高速转动:1～6
ECU 控制模式(ECU Ctrl Mode)	ECU 控制模式/最低:0,最高:4	HV 蓄电池的工作状态
备用鼓风机请求(SBLW Rqst)	蓄电池鼓风机电机停止控制请求(备用鼓风机)	蓄电池鼓风机电机出现停止控制
蓄电池温度 TB1—TB3(Batt Temp 1 to 3)	HV 蓄电池温度/最低:-327.68℃,最高:327.68℃	HV 蓄电池温度
蓄电池盒电压 V1—V14(V1 to V14 Batt Block)	蓄电池盒电压/最低:-327.68V,最高 327.68V	蓄电池盒之间的电压改变

表 3-23　Data List(数据表)

智能测试仪Ⅱ显示（缩写词汇）	测量项目/范围(显示)	参考范围
蓄电池组电流值(IB Battery)	蓄电池组的电流值/最小:-327.68A,最大:327.68A	发动机停机后立即满载加速:最大 140A;P 位发动机自动起动,然后换到 N 位 1s 后,发动机停止,前照灯亮,空调风扇高速运转,"REDAY"灯亮:最大 30A
辅助蓄电池电压(Aux. Batt V)	辅助蓄电池电压/最低:0V,最高:25.4V	与辅助蓄电池电压相等

(续)

智能测试仪Ⅱ显示（缩写词汇）	测量项目/范围（显示）	参考范围
充电控制数值（WIN）	从蓄电池ECU输送到HV控制ECU的充电控制功率/最小：-64kW，最大：0kW	-25kW或更大
放电控制数值（WOUT）	从蓄电池ECU输送到HV控制ECU的放电控制功率/最小：0kW，最大：63.5kW	21kW或更小
冷却风扇模式（Cooling Fan Spd）	蓄电池鼓风机电动机转动模式/最小：0，最大：6	停止：0 从低速向高速转动：1~6
ECU控制模式（ECU Ctrl Mode）	ECU控制模式/最小：0，最大：4	—
备用鼓风机请求（SBLW Rqst）	蓄电池鼓风机电机停止控制请求（备用鼓风机）	ON/OFF
蓄电池温度TB1—TB3（Batt Temp 1 to 3）	HV蓄电池温度/最低：-327.68℃，最高：327.68℃	与室外空气温度相同
蓄电池最小电压（Batt Block Min V）	蓄电池最小电压/最低：-327.68V，最高：327.68V	SOC 55%~60%：12V或更高
储存DTC	储存DTC号/最小：0，最大：255	—

使用智能测试仪Ⅱ显示的 Data List（数据表），不用拆下零部件，也可以读取开关、传感器等值。读取 Data List（数据表）作为故障排除的第一步是减少诊断时间的一种方式，其步骤如下：

① 将智能测试仪Ⅱ连接至DLC3。
② 打开电源开关（在IG位置）。
③ 打开智能测试仪Ⅱ。
④ 在系统选择屏幕上，进入以下菜单：Powertrain/HV Battery/Data List。
⑤ 根据智能测试仪的显示，读取 Data List（数据表）。

2）Active Test（动态测试）。

注意：在 Active Test（动态测试）中，如果智能测试仪Ⅱ的插接器断开或发生通信故障，将不工作（"READY"灯不亮）。

使用智能测试仪Ⅱ进行 Active Test（动态测试）时，不用拆下零部件便可以操作继电器、执行器等设备。动态测试的步骤如下：

① 将智能测试仪Ⅱ连接至DLC3。
② 打开电源开关（在IG位置）
③ 打开智能测试仪Ⅱ。
④ 在系统选择屏幕上，进入以下菜单：Powertrain/HV Battery/Active Test。
⑤ 根据测试仪的显示，进行 Active Test（动态测试），见表3-24。

表 3-24 Active Test（动态测试）

智能测试仪Ⅱ显示(缩写词汇)	目的	测试内容	测试条件
驱动蓄电池冷却风扇（Cooling Fan Spd）	为了检查工作情况和蓄电池鼓风机电机的转速	模式0下，蓄电池鼓风机电机停止；模式1~6下，电机工作	检测到DTC时，故障发生

6. 蓄电池系统故障诊断实例

系统电压故障的 DTC 为 P0560，见表 3-25。

表 3-25 DTC 含义

DTC	DTC检测条件	故障可能发生部位
P0560	当向端子IGCT供电时，辅助蓄电池电源系统断路	1）线束或插接器 2）HEV熔丝 3）蓄电池ECU

（1）电路简介 蓄电池电源恒定地向蓄电池 ECU 的 AM 端子供电，以此达到保持存储器内的 DTC 和定格数据，即电源开关断开的时候，该电压可以作为一个辅助电压，如图 3-146 所示。

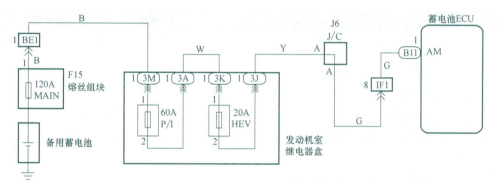

图 3-146 电路图

（2）诊断步骤

1）检查熔丝（HEV 20A）。

① 从发动机舱继电器盒上拆下 HEV 熔丝。

② 检查 HEV 熔丝电阻，标准：小于 1Ω。

③ 重新安装 HEV 熔丝。

若异常，进行步骤 3）。

2）检查线束和插接器（蓄电池 ECU—辅助蓄电池）。

① 断开辅助蓄电池负极端子连接。

② 断开辅助蓄电池正极端子连接。

③ 从发动机舱继电器盒上拆下 HEV 熔丝。

④ 断开 B11 蓄电池 ECU 插接器，如图 3-147 所示。

⑤ 检查线束侧插接器间的电阻，如图 3-148 所示，电阻标准值见表 3-26。

使用测试仪测量时，不要对测试仪探针施加过大的力，以免损坏保持架。

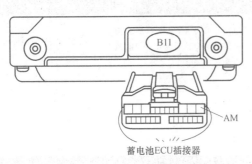

图 3-147 蓄电池 ECU 插接器

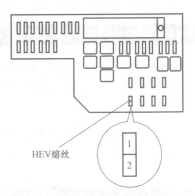

图 3-148 HEV 熔丝

表 3-26 插接器间的电阻标准值（断路检查）（一）

测试仪连接	规定条件
AM（B11—1）—HEV 熔丝（2）	小于 1Ω

⑥ 检查线束侧插接器间的电阻，其电阻标准值见表 3-27。

表 3-27 插接器间的电阻标准值（断路检查）（二）

测试仪连接	规定条件
HEV 熔丝（1）—正极备用蓄电池端子	小于 1Ω

⑦ 重新连接蓄电池 ECU 插接器。

⑧ 重新安装 HEV 熔丝。

⑨ 重新连接辅助蓄电池正极端子，如图 3-149 所示。

⑩ 重新连接辅助蓄电池负极端子。如果异常，检查并修理插接器连接部分。若正常，转入下一步。

3）检查线束和插接器（蓄电池 ECU—HEV 熔丝）。

① 拆下 B11 蓄电池 ECU 插接器，如图 3-150 所示。

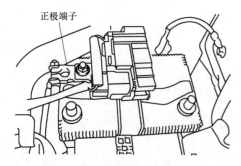

图 3-149 辅助蓄电池正极端子

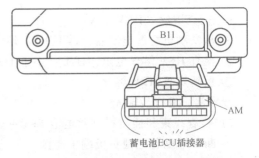

图 3-150 拆下蓄电池 ECU 插接器

② 从发动机舱继电器盒上拆下 HEV 熔丝，如图 3-151 所示。

③ 检查线束侧插接器和车身接地间的电阻，电阻标准值见表 3-28。使用测试仪测量时，不要对测试仪探针施加过大的力，避免损坏保持架。

单元三 普锐斯混合动力系统构造与维修

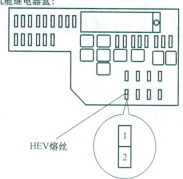

图 3-151　HEV 熔丝

④ 重新连接蓄电池 ECU 插接器。

⑤ 重新安装 HEV 熔丝。若异常，修理或更换线束或插接器后，再更换熔丝（HEV 20A）。若正常，更换熔丝（HEV 20A）。

表 3-28　插接器和车身接地间的电阻标准值（短路检查）

测试仪连接	规定条件
AM(B11—1) 或 HEV 熔丝(2)—车身接地	10Ω 或更大

单元四

04 比亚迪秦插电式混合动力系统构造与维修

课题一 比亚迪秦插电式混合动力系统分析

一、比亚迪秦插电式混合动力汽车

比亚迪秦插电式混合动力汽车（以下简称比亚迪秦）所采用的双擎双模即DM Ⅱ代技术，是在比亚迪第一款双模电动车F3DM的DM Ⅰ代技术上全面整合，提升关键部件性能的基础上研发而成的，如图4-1和图4-2所示。所谓双擎，即动力总成采用并联模式。DM即Dual Mode，意思是纯电动（EV）和混合动力（HEV）两种驱动模式。DM Ⅰ采用的是1.0L自然吸气发动机，单档减速器，双电机，系统标称电压330V；DM Ⅱ采用的是1.5L涡轮增压缸内直喷发动机，6档DCT变速器，单电机（高转速电机），26A·h容量的蓄电池组合，高压系统电压提升至500V。相比DM Ⅰ，比亚迪秦具有以下特点：整车性能对蓄电池依赖小，增加了6档双离合器变速器（DCT），对发动机工作区域调节能力更强；高转速电机、高电压方案，效率更优；动力性更强，0~100km/h加速时间为5.9s，油耗为1.6L/100km；高压系统即使损坏，车辆仍能正常行驶，因此比亚迪秦具有"快、省、绿"的特点。

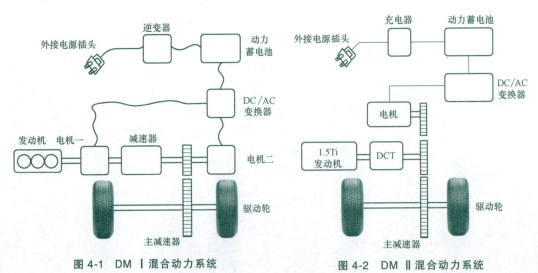

图4-1 DM Ⅰ混合动力系统　　图4-2 DM Ⅱ混合动力系统

在混合动力模式下，比亚迪秦能爆发出479N·m的总转矩和217kW的总功率，最高车速超过 185km/h。比亚迪秦在纯电动模式下行驶，电机单独带动车辆行驶，续驶里程可达到 70km。当动力蓄电池电量较低或动力需求较大时，整车模式自动或手动切换至 HEV 模式。

同时在所有模式中，比亚迪秦还能进行制动能量回馈，即电机向蓄电池返充电，每百公里约回馈 2.5~3kW·h 电，可多行驶接近 15km。因此，比亚迪秦的百公里油耗仅为 1.6L。除了两种模式外，比亚迪秦还有经济性和运动性两种不同的驾驶形式，分别有 EV+ECO、EV+SPORT、HEV+ECO、HEV+SPORT 4 种驾驶搭配方式，如图 4-3 所示，可以根据个人喜好享受独特的驾乘体验。

图 4-3　两种模式和两种驾驶形式

配置方面，比亚迪秦走的是高配置路线，Keyless 智能钥匙系统、遥控驾驶等配置是全系标配；安全装备上，搭载有 360°全景影像、胎压监测系统（TPMS）、电子驻车（EPB）系统、ISO-FIX 标准儿童座椅固定装置、车身稳定控制（ESP）系统、减速度驻车制动控制（CDP）系统以及 12 个安全气囊。

二、DM Ⅱ 混合动力系统的工作模式

1."EV"纯电动工作模式（图 4-4）

与 DM Ⅰ代相同，纯电动工作模式下，动力蓄电池提供电能，供电机驱动车辆，可以满足各种工况行驶，如起步、倒车、怠速、急加速、匀速行驶等。

DM Ⅱ混合动力系统的工作模式

2."HEV"稳速发电工作模式（图 4-5）

当电量不足时，系统从 EV 模式自行切换到 HEV 模式，使用发动机驱动，在车辆以较稳定的速度行驶时，发动机输出的一部分转矩会驱动电机进行发电，对动力蓄电池进行充电。

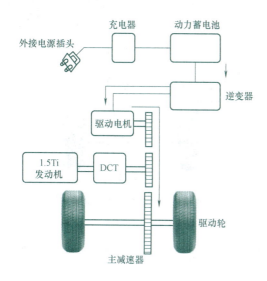

图 4-4　"EV"纯电动工作模式

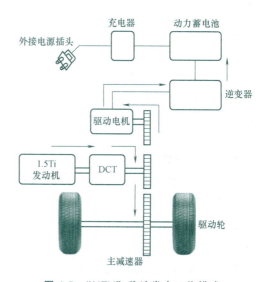

图 4-5　"HEV"稳速发电工作模式

3. "HEV"混合动力工作模式（图4-6）

当从EV模式切换到HEV模式后，车辆由发动机和驱动电机共同驱动，实现了最佳的动力性，但仍能保证混合动力系统具有良好的经济性。

4. "HEV"燃油驱动工作模式（图4-7）

当电量不足或高压系统故障时，可单独使用发动机驱动，实现了高压系统的独立性。

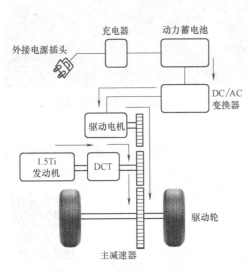

图4-6 "HEV"混合动力工作模式

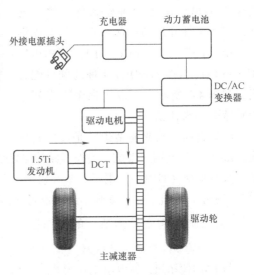

图4-7 "HEV"燃油驱动工作模式

5. 能量回馈工作模式（图4-8）

与DM Ⅰ代一样，DM Ⅱ代在车辆减速时，驱动电机将车辆制动过程中的动能转化为电能储存在动力蓄电池内，但DM Ⅱ代的回馈效率比DM Ⅰ代更高。

三、系统工作模式的切换

1. "EV-ECO"

EV按钮上的指示灯（绿色）亮表示在EV模式，MODE旋钮逆时针旋转，进入到ECO（经济）模式，在保证动力的情况下，可最大限度地节约电量。

2. "EV-SPORT"

将MODE旋钮顺时针旋转，进入到SPORT（运动）模式，将保证较好的动力性能。

3. "HEV-ECO"

HEV按钮上的指示灯（绿色）亮表示在HEV模式，MODE旋钮逆时针旋转，进入到ECO模式，此时为了保证较好的经济性：

① 当电量大于20%时，将不会起动发动机。

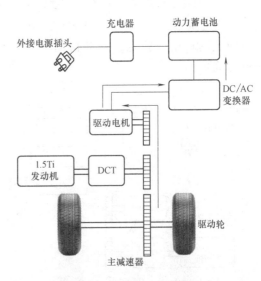

图4-8 能量回馈工作模式

② 当电量低于 20% 时，将自动起动发动机充电。

③ 直到 SOC 达到 40% 时，发动机自动停机，此后将一直按照①-②-③-①模式循环。

4. "HEV-SPORT"

MODE 旋钮顺时针旋转，进入到 SPORT（运动）模式，发动机会一直工作，来保持最充沛的动力。

5. EV 自动切换为 HEV

① SOC≤5%；BMS 允许放电功率≤15kW；坡度≥15%。

② EV 切换到 HEV 后，不再自动切换 EV，之后发动机工作按 HEV 策略进行。

③ SOC≥75% 时，重新上电后切换到 EV 模式。

四、比亚迪秦整车能量传递路线

比亚迪秦整车能量传递路线如图 4-9 所示。

比亚迪秦插电式混合动力电动汽车整车概述

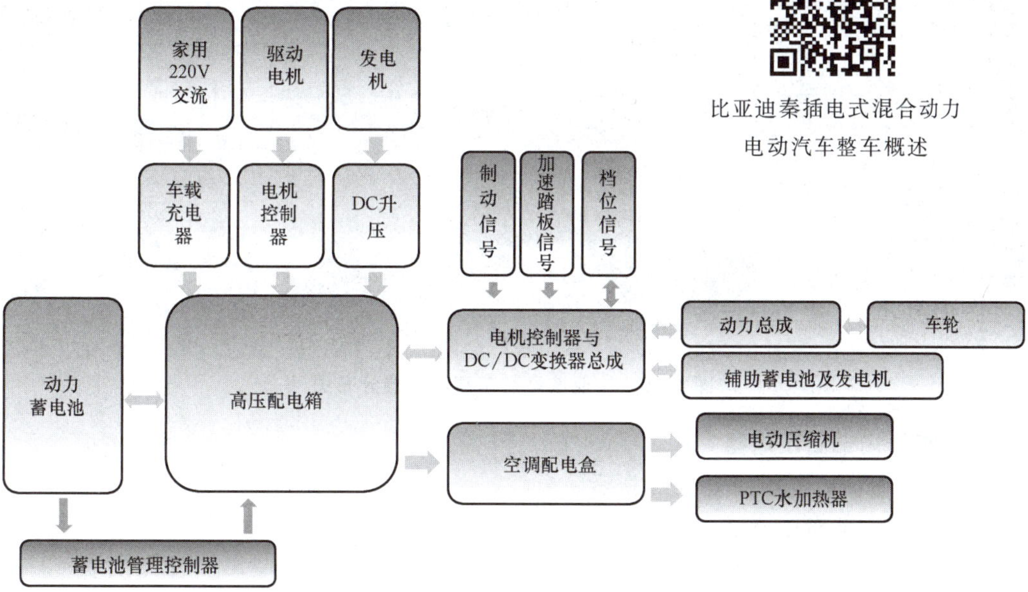

图 4-9 比亚迪秦整车能量传递路线

五、比亚迪秦高压断电操作

1. 工具、量具和设备的准备

比亚迪秦混合动力电动汽车、个人防护装置、工位防护装置、车内三件套、车外三件套、抹布、万用表、绝缘测试仪、车轮挡块等。

2. 操作步骤

1）做好个人防护工作。

2）做好工位防护工作。

3）放好车轮挡块。

4）安装车内三件套。打开左前车门，车钥匙放入口袋，安装脚垫、座椅套和转向盘套。

5）安装车外三件套。

6）将电源开关置于 OFF 档。

7）断开辅助蓄电池负极电缆，并用绝缘胶布将负极线束及负极桩头包好。

8）拆卸车辆维修开关，静置车辆 5min。

课题二　P 位电机控制器的检修

一、比亚迪秦整车高压电器

1. 比亚迪秦整车高压电器的分布情况

比亚迪秦高压电器主要包括：动力蓄电池、高压线、维修开关、高压配电箱、漏电传感器、分布式蓄电池管理系统、电机控制器与 DC/DC 变换器总成和充电系统等。

比亚迪秦整车高压电器分布如图 4-10 所示。

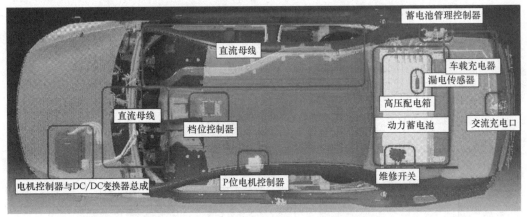

图 4-10　比亚迪秦整车高压电器分布图

2. 行李舱内部高压电器

行李舱内部高压电器如图 4-11 所示。

3. 驾驶室内部高压电器

驾驶舱内部高压电器如图 4-12 所示。

图 4-11　行李舱内部高压电器
1—高压配电箱　2—蓄电池管理控制器
3—动力蓄电池　4—车载充电器

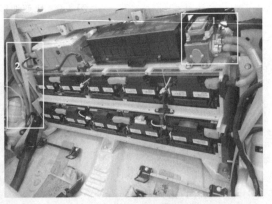

图 4-12　驾驶舱内部高压电器
1—维修开关　2—电机控制
器直流母线及空调高压线

4. 底盘高压电器

底盘高压电器如图 4-13 所示。

图 4-13　底盘高压电器
1—电机控制器母线及空调高压线

5. 前舱高压电器

前舱高压电器如图 4-14 所示。

图 4-14　前舱高压电器
1—空调配电盒、电动压缩机和 PTC 水加热器高压线　2—驱动电机　3—电机控制器与 DC/DC 变换器总成

二、维修开关总成

维修开关（Service Switch）是电动车辆中一种常用的手动操作设备。

1. 安装位置

维修开关位于动力蓄电池总成上方的左上角，连接了动力蓄电池的一个正极和一个负极，如图 4-15 所示。

2. 维修开关内部连接示意图

维修开关内部连接示意图如图 4-16 所示。

3. 维修开关高压互锁检测开关

维修开关高压互锁检测开关的断开和闭合状态如图 4-17 和图 4-18 所示。

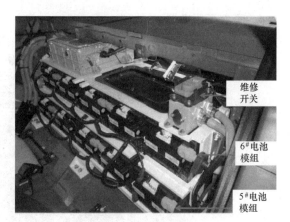

图 4-15　维修开关位置

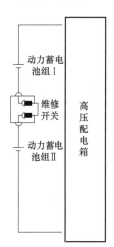

图 4-16　维修开关内部连接示意图

图 4-17　维修开关高压互锁断开状态

4. 功用

维修开关的主要作用是当车辆在以下情况时直接断开高压回路，从而保证操作人员的安全。

1）检修所有高压模块产品。

2）检修所有动力蓄电池四周的零部件。

3）检修其他以需要拆卸或移动高压产品为前提的零部件。

5. 使用

维修开关正常状态下，手柄处于水平位置；需要拔出时，应先将手柄旋转至竖直状态，再向上拔出；需要插上时，应先沿竖直方

图 4-18　维修开关高压互锁闭合状态

向用力向下插入,再将手柄旋转至水平状态,如图4-19所示。

图4-19 断开维修开关

三、整车安全保护

比亚迪秦的每一个高压回路均有熔丝作为过流保护。动力蓄电池内部增加了一定数量的熔丝盒接触器进行保护,动力蓄电池的每根采样线也有单独的熔丝保护。即使发生碰撞短路,也可保证动力蓄电池等高压器件及线束不会短路损坏或起火。

比亚迪秦针对功能失效、高压安全等方面所做的防范工作主要有:电源极性反接保护、碰撞保护、主动泄放、被动泄放、高压互锁、开盖检测等。

1. 电源极性反接保护

当因不当操作或其他原因导致比亚迪秦的高压产品的供电电压极性反转时,电机控制器、DC/DC变换器、蓄电池管理控制器均可保护自己不被烧坏。当此极性反转的电压去除掉后,这些电控产品仍可正常工作。

2. 碰撞保护

当车辆发生碰撞时,蓄电池管理控制器检测到碰撞信号大于一定阈值时,会切断高压系统主回路的电气连接,同时通知电机控制器激活主动泄放,从而可使比亚迪秦发生碰撞时的短路危险、人员电击危险降低到最低。

3. 主动泄放

电机控制器中含有主动泄放回路,当检测到车辆发生较大碰撞或高压回路中某处插接件存在拔开状态或含有高压的高压电控产品存在开盖情况,可在5s内将高压回路直流母线电压泄放到60V以下,迅速释放危险电能,最大限度地保证人员安全。

4. 被动泄放

在含有主动泄放的同时,电机控制器、空调驱动控制器等内部含有高压的高压电控产品同时设计有被动泄放回路,可在2min内将高压回路直流母线电压泄放到60V以下。被动泄放作为主动泄放失效的二重保护。

5. 高压互锁

比亚迪秦的高压互锁包括结构互锁和功能互锁。比亚迪秦高压互锁连接如图4-20所示。

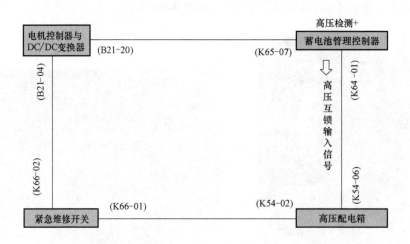

图 4-20 高压互锁连接示意图

（1）结构互锁 比亚迪秦的主要高压插接件均带有互锁回路，当其中某个插接件被带电断开时，动力蓄电池管理便会检测到高压互锁回路存在断路，为保护人员安全，将立即进行报警并断开主高压回路电气连接，同时激活主动泄放。

（2）功能互锁 当车辆在进行充电或插上充电枪时，比亚迪秦的高压电控系统会限制整车不能通过自身驱动系统驱动，以防止可能发生的线束拖拽或安全事故。

6. 开盖检测

比亚迪秦的重要高压电控产品具有开盖检测功能，当发现这些产品的盖子在整车高压回路连通的情况下打开时，会立即进行报警，同时断开高压主回路电气连接并激活主动泄放。

四、比亚迪秦高压系统维修步骤

第一步：切断车辆电源（将起动按钮置于 OFF 档），等待 5min。

第二步：戴好绝缘手套、穿上绝缘胶鞋等防护用具。

第三步：拔下维修开关并存放在规定的地方。

第四步：对高压系统进行检查并记录相关数据，在车辆上电时，应该通知正在检查、维修高压系统的人员。在检修时，做好高压系统的绝缘防护处理。

第五步：对高压系统检修后，一定要将拆卸或更换过的零部件进行检查，避免因检修后忘记恢复造成其他影响。

五、比亚迪秦高压系统维修注意事项

1）在车体高电压或高温处均有"警告标示"，要严格按标示要求操作。

2）洗车时，请勿将高压水枪向充电口部位喷射，以避免充电口进水，发生触电危险。

3）使用指定的充电插座及充电线，切勿自行选择充电设备。

4）车辆消防灭火时，禁止使用"水浇法"，要采用"干粉"灭火器。

5）维修车辆时，不可车体湿润或带水操作。

6）更换动力蓄电池时，注意防酸碱，使用工业"防碱手套"，并佩戴防护目镜。

7）拆装车辆时，不可同时操作正、负极。

8）禁止正、负极对接，避免正极或负极经人体对地。

9）拆开的高压线接口要进行绝缘处理。

10）双人操作，一人监护，一人操作。

六、换档控制系统

比亚迪秦档位控制器采用电子控制方式，消除了变速杆及变速器之间的机械连接，电子信号控制更精确。档位操纵系统由 P 位按钮（图 4-21）、换档操纵机构（含电机）、P 位电机控制器（图 4-22）和档位控制器（图 4-23）组成。

图 4-21　换档操纵机构及 P 位按钮

1. 档位操纵系统主要部件的安装位置

档位操纵系统主要部件的安装位置如图 4-24 所示。

图 4-22　P 位电机控制器

图 4-23　档位控制器

图 4-24　档位操纵系统主要部件的安装位置

2. 控制逻辑

比亚迪秦档位控制逻辑如图 4-25 所示。

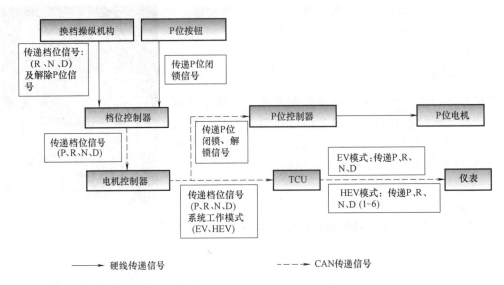

图 4-25 比亚迪秦档位控制逻辑

3. 换档切换条件

比亚迪秦档位切换条件见表 4-1。

表 4-1 比亚迪秦档位切换条件

切入档位	当前档位			
	P	R	N	D
P	—	车速≤3km/h	车速≤3km/h	车速≤3km/h
R	电源模式为 OK 档,有制动踏板状态	—	电源模式为 OK 档	电源模式为 OK 档,车速≤3km/h
N	有制动踏板状态	电源模式为 ON/OK 档	—	电源模式为 ON/OK 档
D	电源模式为 OK 档,有制动踏板状态	电源模式为 OK 档,车速≤3km/h	电源模式为 OK 档	—

七、P 位电机控制器

1. 概述

比亚迪秦 P 位电机控制系统通过电机转子转动带动变速器内的锁止机构动作来控制是否锁止变速器。它主要包括 P 位电机控制器、电机、霍尔位置传感器,霍尔位置传感器和电机集成在一起。

比亚迪秦采用线控式 P 位,它不同于机械拉索控制锁止结构,线控式 P 位通过 P 位电机控制器的电信号输入给 P 位电机,有效地控制 P 位电机旋转,带动锁止机构动作实现解闭锁,同时 P 位电机可以反馈霍尔信号,使 P 位电机控制器能够知道是否旋转到位。

(1) P 位电机控制器 P 位电机控制器位于驾驶人侧座椅地板下面,主要通过 PWM 波完成对 P 位电机的控制,用于控制变速器上 P 位电机正向或反向旋转,从而实现车辆动力系统的锁止和解锁,并增加二次解闭锁,保证车辆的安全和性能。

(2) 电机 P 位电机为开关磁阻电机,属于异步电机的范畴。该电机内部有叶轮和摆轮等部件，叶轮每旋转 60 圈，摆轮旋转 1 圈，摆轮通过花键与锁止机构相连将变速器锁止。

2. 闭锁解锁控制逻辑

闭锁解锁控制逻辑如图 4-26 所示。

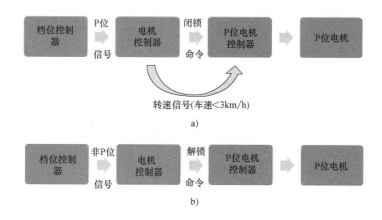

图 4-26　闭锁解锁控制逻辑

a）闭锁逻辑　b）解锁逻辑

3. P 位电机控制器的拆装

（1）P 位电机控制器的拆卸

1）拆卸前的准备。

① 整车电源档位处于 OFF 位。

② 断开紧急维修开关。

③ 断开辅助蓄电池。

2）拆卸。P 位电机控制器安装在驾驶人侧座椅下面，由地毯盖住，地毯开检修口。

① 拆卸前，要拔掉 P 位电机控制器的插接件 A，如图 4-27 所示。

② 使用小棘轮扳手和 10mm 套筒 B，将 P 位电机控制器的 3 个螺栓拆下，即可取下 P 位电机控制器总成，如图 4-28 所示。

（2）P 位电机控制器的安装

1）P 位电机控制器安装在地板支架 C 上，安装前，线束 D 已装配在乘员舱地板上，如图 4-29 所示。

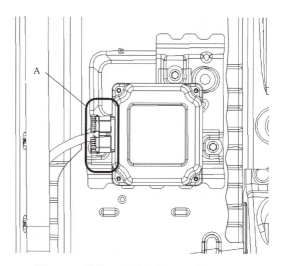

图 4-27　拔掉 P 位电机控制器的插接件 A

2）将 P 位电机控制器放在安装支架上，安装孔与支架孔位对齐，紧固件为 M6 的螺栓，使用小棘轮扳手和 10mm 套筒将其固定，如图 4-30 所示。

3）将 P 位电机控制器插接件 A 插入 P 位电机控制器的对接口内，如图 4-31 所示。

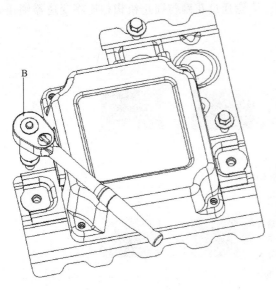

图 4-28　拆卸 P 位电机控制器螺栓

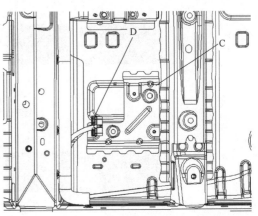

图 4-29　地板支架 C 和线束 D

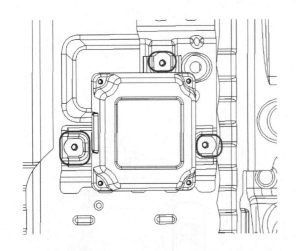

图 4-30　安装 P 位电机控制器固定螺栓

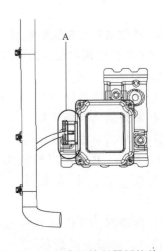

图 4-31　P 位电机控制器插接件 A

4．P 位电机控制器的维修

（1）诊断流程

1）将车辆开至维修车间。

2）检查辅助蓄电池电压。

标准电压值：11~14V，如果电压值低于 11V，在进行下一步之前请充电或更换辅助蓄电池。

3）用故障诊断仪诊断。把故障诊断仪接到 DLC 口上，读取故障码。

如果无故障码输出，则进行第 4）步；有故障码输出，则进行第 5）步。

4）全面分析与诊断。车上检查和 ECU 端子的检查。

5）调整、维修或更换。

6）确认测试。

（2）故障码列表 故障码列表见表4-2。

表4-2 故障码列表

故障码	故障定义
P1C3000	驱动管或电机故障
P1C3100	霍尔位置信号故障
P1C3200	备用霍尔式传感器故障
P1C3300	电压故障
U010100	与TCU失去通信（预留）
U029D00	与ESP失去通信
U029100	与SCU失去通信（预留）
U011000	与电机控制器失去通信
U029100	与档位控制器失去通信
U014000	与BCM失去通信

（3）终端诊断 P位电机控制器线束端插接件K62如图4-32所示。

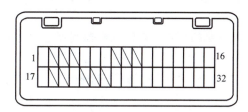

图4-32 P位电机控制器线束插接件K62

1）拔下P位电机控制器插接件。

2）检查各端子电压或电阻，见表4-3。

表4-3 检查各端子电压或电阻

端子号	线色	端子描述	条件	正常值
K62-1—车身	L/W	+12V（IG1）	ON档电	9～16V
K62-17—车身	R/Y	KEY信号	预配电	9～16V
K62-6—车身	P	CAN-H	ON档电	2.5～3.5V
K62-7—车身	V	CAN-L	ON档电	1.5～2.5V
K62-24—车身	B	车身	始终	小于1Ω
K62-25—车身	B	霍尔电源地	始终	小于1Ω
K62-26—车身	—	CAN通信屏蔽地	始终	小于1Ω

3）从插接器后端引线，测量各个端子信号（在ON档或OK档时测量），见表4-4。

表 4-4 各端子信号

端子号	线色	端子描述	条件	正常值
K62-5—车身	Y/B	P 位电机继电器驱动	挂 P 位或退出 P 位操作	小于 1V
K62-16—车身	L/Y	A 相驱动	挂 P 位或退出 P 位操作	PWM 脉冲信号
K62-31—车身	L/Y	A 相驱动	挂 P 位或退出 P 位操作	PWM 脉冲信号
K62-32—车身	L/Y	A 相驱动	挂 P 位或退出 P 位操作	PWM 脉冲信号
K62-11—车身	W	B 相驱动	挂 P 位或退出 P 位操作	PWM 脉冲信号
K62-12—车身	W	B 相驱动	挂 P 位或退出 P 位操作	PWM 脉冲信号
K62-27—车身	W	B 相驱动	挂 P 位或退出 P 位操作	PWM 脉冲信号
K62-28—车身	G/B	C 相驱动	挂 P 位或退出 P 位操作	PWM 脉冲信号
K62-29—车身	G/B	C 相驱动	挂 P 位或退出 P 位操作	PWM 脉冲信号
K62-30—车身	G/B	C 相驱动	挂 P 位或退出 P 位操作	PWM 脉冲信号
K62-20—车身	R	霍尔式传感器电源信号	挂 P 位或退出 P 位操作	+5V
K62-13—车身	Gr	Holl-A	挂 P 位或退出 P 位操作	详见备注
K62-14—车身	L	Holl-B	挂 P 位或退出 P 位操作	详见备注
K62-15—车身	G	Holl-C	挂 P 位或退出 P 位操作	详见备注

备注：测量霍尔信号时，以 AC 相霍尔信号为准，B 相信号仅为进入闭环控制的定位信号。P 位闭锁时，霍尔 A 信号超前霍尔 C 信号；P 位解锁时，霍尔 C 信号超前霍尔 A 信号。如果在闭锁过程中出现霍尔 C 信号超前霍尔 A 信号，则为出现反弹现象。

（4）全面诊断

1）P 位电机控制器电源电路的检查。P 位电机控制器电源电路如图 4-33 所示。

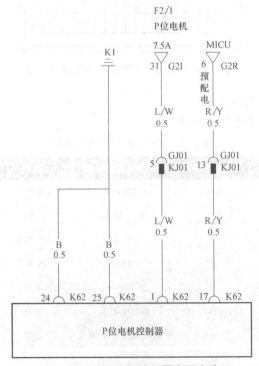

图 4-33 P 位电机控制器电源电路

① 检查电源输入信号。拔下插接件 K62，测端子输入电压，见表 4-5，对应端子如图 4-33 所示。

表 4-5　K62 电源输入信号

端子	线色	条件	正常值/V
K62-1—车身	L/W	ON 档电	9~16
K62-17—车身	R/Y	预配电	9~16

② 检查熔丝。用万用表检查熔丝（P 位控制器 F2/1）是否导通。如果不导通，则更换熔丝。

③ 检查电源线束，见表 4-6。

表 4-6　检查电源线束

端子	线色	条件	正常值/Ω
K62-1—KJ01-5	L/W	始终	小于 1
CJ01-5—G21-31	L/W	始终	小于 1
K62-17—KJ01-13	R/Y	始终	小于 1
G2R-6—GJ01-13	R/Y	始终	小于 1

如果线束损坏，则更换线束。

④ 检查接地线束。

测量接地线束与车身地之间的电阻（测量阻值时，需拔掉辅助蓄电池负极电缆），见表 4-7。如果线束损坏，则更换线束。

表 4-7　检查接地线束

端子	线色	条件	正常值/Ω
K62-24—车身	B	始终	小于 1
K62-25—车身	B	始终	小于 1

2）驱动管或电机故障/电压故障检查。为保证诊断程序可以适用于各车型，可以兼容旧版本和新版本，故在之前的诊断基础上增加新的故障码。驱动管或电机故障（三相驱动电压有一相、两相或三相小于 9V）为旧版本故障，电压故障（三相驱动电压有一相、两相或三相小于 6.5V）为新版本故障。

P 位电机与 P 位电机控制器的电路连接如图 4-34 所示。

① 检查 P 位电机驱动信号线束。测量线束阻值见表 4-8。

表 4-8　P 位电机驱动信号线束阻值

端子	线色	正常值/Ω
K62-16—A60-6	L/Y	小于 1
K62-31—A60-6	L/Y	小于 1
K62-32—A60-6	L/Y	小于 1
K62-27—A60-1	W	小于 1
K62-11—A60-1	W	小于 1
K62-12—A60-1	W	小于 1
K62-28—A60-7	G/B	小于 1
K62-29—A60-7	G/B	小于 1
K62-30—A60-7	G/B	小于 1

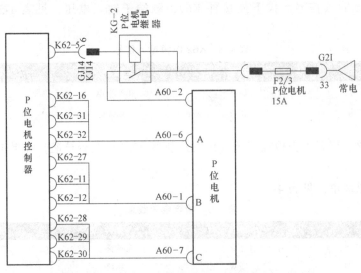

图 4-34 P 位电机与 P 位电机控制器的电路连接

如果线束损坏，则更换线束。

② 检查熔断器。用万用表检查熔断器 F2/3 是否导通。如果不导通，则更换熔断器。

③ 检查 P 位电机继电器。拔下 P 位电机继电器，给继电器加 12V 电压，看继电器是否能正常工作。如果不能正常工作，则更换继电器。

④ 检查 P 位电机线束及插接件。

⑤ 更换 P 位电机控制器。

3）通信故障检查。CAN 线与 P 位电机控制器的电路连接如图 4-35 所示。

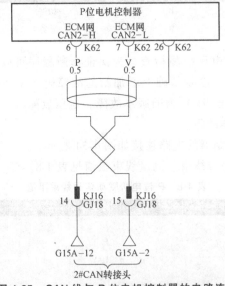

图 4-35 CAN 线与 P 位电机控制器的电路连接

① 检查 CAN 线。拔下接插件 K62，测 CAN 线电压，检测标准见表 4-9。如果不符合标准，则更换线束；如果正常，则进行下一步。

② 更换 P 位电机控制器。

表 4-9 CAN 线电压

端子	线色	正常值/V
K62-6—车身	P	2.5~3.5
K62-7—车身	V	1.5~2.5

课题三 档位控制器的检修

一、概述

比亚迪秦采用先进的线控换档系统，该系统消除了变速杆与变速器之间的机械连接，通过电控方式来选择前进档、倒档、空档和驻车档。档位信号由档位控制器总成进行采集并处理，档位控制器在布置时靠近档位执行器总成，避免因线束过长导致信号不稳的现象。换档完毕后，变速杆可以自动回正，以减小误操作。

二、档位控制器及其支架的拆装

1. 档位控制器的拆卸

（1）拆卸前的准备

1）整车电源档位处于 OFF 档。

2）断开紧急维修开关。

3）断开辅助蓄电池负极电缆。

（2）拆卸 档位控制器 E 安装在换档机构附近，如图 4-36 所示。拆卸时，需先将副仪表台处的内饰外板拆掉。

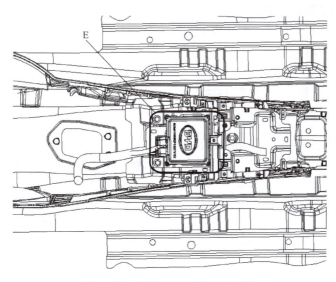

图 4-36 档位控制器 E 安装位置

1）拆卸前，拔掉档位控制器插接件 F，如图 4-37 所示。

2）使用 8mm 套筒和小棘轮拆掉档位控制器的两个 M5 螺栓 G，如图 4-38 所示。取下档位控制器。

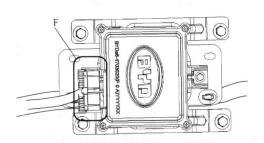

图 4-37 拔掉档位控制器插接件 F

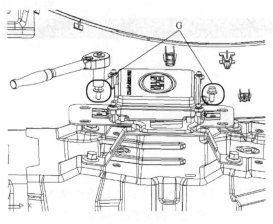

图 4-38 拆掉档位控制器固定螺栓 G

2. 档位控制器安装支架的拆卸

档位控制器安装支架安装在驾驶舱地板上,拆卸时,需将副仪表台处内饰外板拆掉。

1）拆卸前,须将安装在档位控制器支架上的线束卡扣 H 拔掉,如图 4-39 所示。拆卸时,用一字螺钉旋具将卡扣翘起,拔下。

2）使用 13mm 套筒和小棘轮拆掉档位控制器安装支架的 M8 螺栓 J,如图 4-40 所示,即可将档位控制器支架拆下。

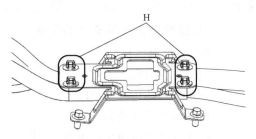

图 4-39 拔掉档位控制器支架上的线束卡扣 H

3. 档位控制器支架的安装

安装前,地板线束 K 和仪表板线束 L（图 4-41）均已安装在地板上。

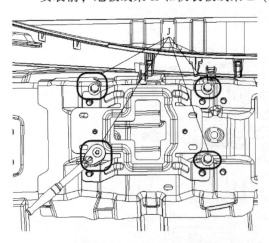

图 4-40 拆掉档位控制器安装支架固定螺栓 J

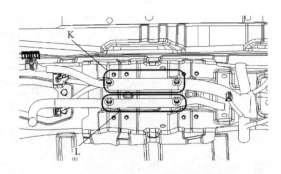

图 4-41 地板线束 K 和仪表板线束 L

1）将档位控制器支架的 4 个安装孔与车身的 4 个安装孔对齐。由于安装支架两侧的车身不同高,所以不会出现装配错误问题。

2）螺栓紧固后,将固定线束的卡扣卡入档位控制器安装支架的卡扣固定孔内,如

图4-42所示。

4. 档位控制器的安装

档位控制器支架安装完成后,方可安装档位控制器。

1)将档位控制器上的安装孔与支架上的两个安装孔对齐,档位控制器插接件朝向车头方向,如图4-43所示。

2)将档位控制器接插件M插入档位控制器的板端,完成档位控制器的安装,如图4-44所示。

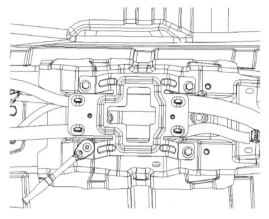

图4-42 安装卡扣

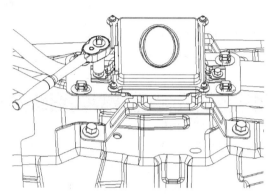

图4-43 安装档位控制器

三、档位控制器的维修

1. 诊断流程

1)将车辆开至维修车间。

2)检查辅助蓄电池电压。标准电压值:11~14V。如果电压值低于11V,在进行下一步之前应充电或更换辅助蓄电池。

3)用故障诊断仪诊断。把故障诊断仪接到DLC口上,读取故障码。如果无故障码输出,则进行第4)步;如果有故障码输出,则进行第5)步。

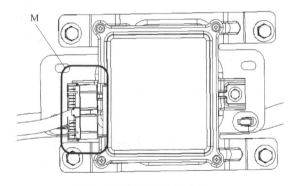

图4-44 控制器接插件M

4)全面分析与诊断。进行车上检查并检查ECU端子。

5)调整,维修或更换。

6)确认测试。

2. 故障码列表

故障码列表见表4-10。

表4-10 故障码列表

故障码	故障定义	备注
P1D0000	霍尔电路失效(预留)	模块目前不发此故障码
U011000	档位控制器与电机控制器通信故障	—

3. 终端诊断

档位控制器线束端插接件 G62 如图 4-45 所示。

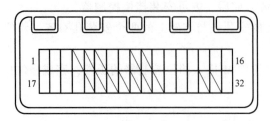

图 4-45 档位控制器线束端插接件 G62

1）拔下档位控制器插接件。

2）检查各端子电压或电阻，见表 4-11。

表 4-11 检查 G62 各端子电压或电阻

端子	线色	端子描述	条件	正常值
G62-9—车身	R/Y	KEY 信号	预配电	9~16V
G62-14—车身	P	CAN-H	ON 档	2.5~3.5V
G62-15—车身	V	CAN-L	ON 档	1.5~2.5V
G62-16—车身	L/R	+12V 电源	ON 档	9~16V
G62-17—车身	B/Y	传感器 A 电源地	始终	小于 1Ω
G62-18—车身	B/L	传感器 B 电源地	始终	小于 1Ω
G62-28—车身	B	+12V 电源地	始终	小于 1Ω
G62-29—车身	B	+12V 电源地	始终	小于 1Ω
G62-32—车身	L/R	+12V 电源	ON 档	9~16V

3）从档位控制器 G62 插接器后端引线，检查各端子的电压或电阻，见表 4-12。

表 4-12 G62 各端子电压或电阻

端子	线色	端子描述	条件	正常值
G62-1—G62-17	R/G	传感器 A+5V 电源	ON 档	约 5V
G62-2—G62-18	G	传感器 B+5V 电源	ON 档	约 5V
G62-7—G62-19	W	P 位按键检测	按下 P 位按键	约 1kΩ
G62-7—G62-19	W	P 位按键检测	松开 P 位按键	约 4kΩ
G62-3—车身	W/G	P 位指示灯	P 位指示灯点亮	低电平

4. 全面诊断

（1）档位控制器电源电路的检查 档位控制器电源电路与电机控制器的电路连接如图 4-46 所示。

检查线束。

① 拔下档位控制器 G62 插接器。

② 测量档位控制器线束端插接器各端子间电压或电阻，见表 4-13。

表 4-13 测量档位控制器线束端插接器各端子间电压或电阻

端子	线色	条件	正常值
G62-9—车身	R/Y	预配电	9~16V
G62-16—车身	L/R	ON 档	9~16V
G62-32—车身	L/B	ON 档	9~16V
G62-28—车身	B	始终	小于 1Ω
G62-29—车身	B	始终	小于 1Ω

如果不符合标准，则更换线束或插接件。

（2）档位传感器电路的检查　档位传感器与档位控制的电路连接如图 4-47 所示。

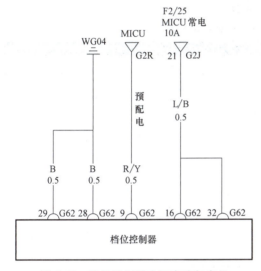

图 4-46　档位控制器电源电路与电机控制器的电路连接

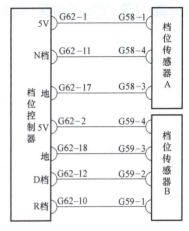

图 4-47　档位传感器与档位控制的电路连接

1）检查档位传感器 A。
① 电源档位置于 ON 档。
② 从档位传感器 A G58 插接器后端引线。
③ 测量线束端插接器各端子间的电压或电阻，见表 4-14。

表 4-14 测量档位传感器 A 线束端插接器各端子间的电压或电阻

端子	线色	条件	正常值
G62-1—G62-17	R/G	ON 档	约 5V
G62-11—车身	R/L	变速杆置于 N 位	约 1V

如果不符合标准，则更换档位传感器 A。

2）检查档位传感器 B。
① 电源档位置于 ON 档。
② 从档位传感器 B G59 插接器后端引线。
③ 测量线束端插接器各端子间的电压或电阻，见表 4-15。

表 4-15　测量档位传感器 B 线束端插接器各端子间的电压或电阻

端子	线色	条件	正常值
G62-2—G62-18	G	ON 档	约 5V
G62-10—车身	Br	变速杆打到 R 档	小于 1Ω
G62-12—车身	Gr	变速杆打到 D 档	小于 1Ω

如果不符合标准，则更换档位传感器 B。

3）检查线束。

① 拔下档位传感器 A G58 插接器。

② 拔下档位传感器 B G59 插接器。

③ 拔下档位控制器 G62 插接器。

④ 测量线束端插接器各端子间的电阻，见表 4-16。

表 4-16　测量档位传感器线束端插接器各端子间的电阻

端子	线色	正常值/Ω
G62-1—G58-1	R/G	小于 1
G62-11—G58-4	R/L	小于 1
G62-17—G58-3	B/Y	小于 1
G62-2—G59-4	G	小于 1
G62-18—G59-3	B/L	小于 1
G62-12—G59-2	Gr	小于 1
G62-10—G59-1	Br	小于 1

如果不符合标准，则更换线束。

（3）P 位开关回路检测　P 位开关与档位控制器的电路连接如图 4-48 所示。

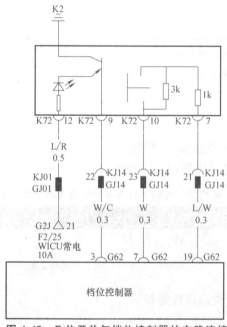

图 4-48　P 位开关与档位控制器的电路连接

1）检查 P 位按键。

① 拔下 P 位按键 K72 插接器。

② 测量线束端插接器各端子间的电压或电阻，见表 4-17。

表 4-17 K72 插接器各端子间的电压或电阻

端子	线色	条件	正常值
K72-12—车身	L/R	ON 档上电	9~16V
K72-7—K72-10	L/W	按下 P 位按键	约 1kΩ
K72-7—K72-10	L/W	松开 P 位按键	约 4kΩ
K72-9—车身	G	P 位指示灯亮	小于 1V
K72-9—车身	G	P 位指示灯灭	大于 5V

如果不符合标标准，则更换 P 位按键。

2）检查线束。

① 拔下 P 位按键 K72 插接器。
② 拔下档位控制器 G62 插接器。
③ 测量线束端插接器各端子间的电阻，见表 4-18。

表 4-18 线束端插接器各端子电阻

端子	线色	正常值/Ω
G62-19—K72-7	L/W	小于 1
G62-7—K72-10	W	小于 1
G62-3—K72-9	W/G	小于 1

如果不符合标准，则更换档位控制器。

课题四 动力蓄电池系统的检修

一、概述

动力蓄电池系统是比亚迪秦主要动力能源之一，它为整车驱动和其他用电器提供电能。

比亚迪秦的动力蓄电池系统（电池包）由 10 个动力蓄电池模组、10 个动力蓄电池信息采集器、动力蓄电池串联线、动力蓄电池支架、动力蓄电池密封罩和动力蓄电池采样线等组成。10 个动力蓄电池模组中各有 12~18 节数量不等的单体蓄电池，总共 152 节串联而成，额定总电压为 501.6V，总电量为 13kW·h。

二、动力蓄电池系统的安装位置

比亚迪秦的动力蓄电池系统安装在后排座椅与行李舱之间，如图 4-49 所示。

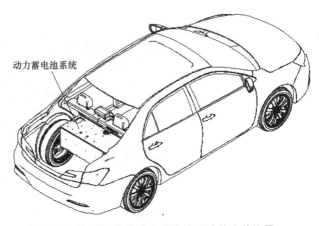

图 4-49 比亚迪秦的动力蓄电池系统的安装位置

三、比亚迪秦蓄电池模块的连接方式

比亚迪秦蓄电池模块的连接方式如图 4-50 所示。

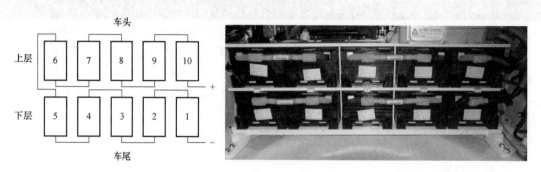

图 4-50　比亚迪秦蓄电池模块的连接方式

四、比亚迪秦动力蓄电池系统的结构及参数

比亚迪秦动力蓄电池系统的结构如图 4-51a 所示。

每个单体蓄电池的电压大约为 3.3V。蓄电池包标称电压为 501.6V，标称容量 26A·h，一次充电 13kW·h。

五、蓄电池包线束

1）高压线束。高压线束如图 4-51b 所示。

a)

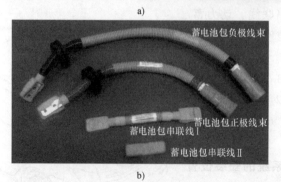

b)

图 4-51　比亚迪秦动力蓄电池系统结构和高压线束

a) 结构　b) 高压线束

单元四 比亚迪秦插电式混合动力系统构造与维修

2）采样线束及线束插接器。采样线束及线束插接器如图4-52和图4-53所示。

图4-52 采样线束

图4-53 采样线束插接器

3）蓄电池包内部接触器控制（图4-54）。

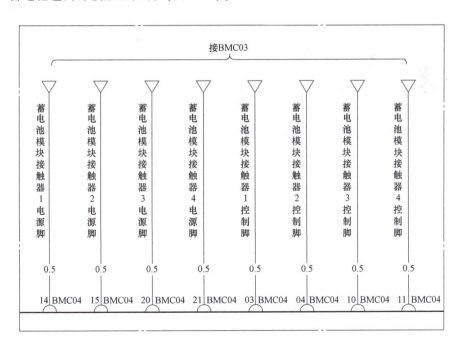

图4-54 蓄电池包内部接触器控制

六、系统框图

动力蓄电池系统框图如图4-55所示。

七、诊断流程

1）把车开进维修间。

2）检查辅助蓄电池电压。标准电压值：11～14V。如果电压值低于11V，在进行NEXT之前应充电或更换辅助蓄电池。

图4-55 系统框图

3）对接好插接件，整车上ON档电，进入蓄电池管理控制器故障码诊断。

4）针对故障进行调整，维修或更换。

5）确认测试。

八、动力蓄电池的更换流程

若确定动力蓄电池有故障需要维修，请在厂家的指导下更换动力蓄电池，因为不同动力蓄电池的特性不一致，若把性能不同的动力蓄电池装配在一起会影响动力蓄电池的使用寿命和使用效果，应按以下步骤拆卸更换。

1）将车辆电源退电至OFF位置，拆下后排座椅，断开维修开关，等待5min。

2）拆掉行李舱内饰护面和动力蓄电池密封罩的前、后封板。

3）用万用表检测蓄电池是否漏电。检测方法：将万用表正极分别搭在动力蓄电池正、负极端子，负极搭车身接地（正常值为10V以下）。若过大，不要拆卸，检测漏电原因和地方，排除故障后进行以下操作。

4）佩戴绝缘手套，用套筒依次拆卸掉每一根动力蓄电池串联线、维修开关线束、正极线束、负极线束的固定螺栓，同时取下每一根动力蓄电池串联线、维修开关线束、正负极线束。

5）用一字螺钉旋具撬开动力蓄电池采样线固定卡扣，拔掉所有动力蓄电池采样线与蓄电池信息采集器连接的插接件。

6）佩戴绝缘手套，用套筒拆卸掉每个动力蓄电池模块4个角的固定螺栓。

7）佩戴绝缘手套，从行李舱处取出动力蓄电池模块，更换新的模块。

8）分别检测电池模块的漏电情况，检测方法和拆卸检测一致，若无问题，进行以下操作。

9）佩戴绝缘手套，用套筒安装好每个动力蓄电池模块4个角的固定螺栓。

10）佩戴绝缘手套，依次安装上每一根动力蓄电池串联线、维修开关线束、正极线束、负极线束，同时用套筒拧紧固定螺栓。

11）将动力蓄电池采样线上的插接件与蓄电池信息采集器一一对应并插入，听见"咔"的响声即可，卡上动力蓄电池采样线卡扣。

12）插上维修开关手柄，上电检查动力蓄电池故障是否已解决。若无问题，则进行以下操作。

13）安装好动力蓄电池密封罩的前、后封板、行李舱内饰护面和后排座椅。

课题五 蓄电池管理系统的检修

一、概述

比亚迪秦采用分布式蓄电池管理系统（Distributed Battery Management System，DBMS），

由 1 个蓄电池管理控制器（Battery Management Collector，BMC）和 10 个蓄电池信息采集器（Battery Information Controller，BIC）及 1 套动力蓄电池采样线组成。蓄电池管理控制器的主要功能有充放电管理、接触器控制、功率控制、蓄电池异常状态报警和保护、SOC/SOH 计算、自检以及通信功能等。蓄电池信息采集器的主要功能有蓄电池电压采样、温度采样、蓄电池均衡、采样线异常检测等；动力蓄电池采样线的主要功能是连接蓄电池管理控制器和蓄电池信息采集器，实现两者之间的通信及信息交换。

二、蓄电池管理控制器

蓄电池管理控制器位于行李舱车身右 C 柱内板后段，如图 4-56 和图 4-57 所示。

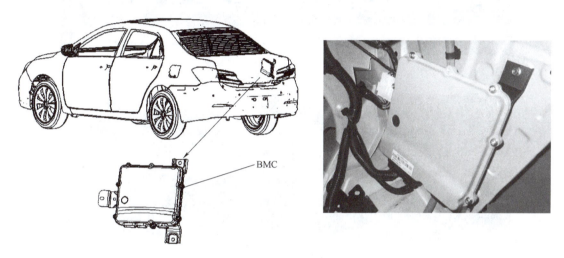

图 4-56　蓄电池管理控制器的安装位置

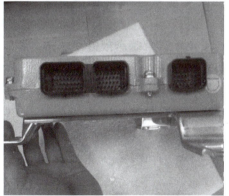

图 4-57　蓄电池管理控制器

三、蓄电池信息采集器

10 个蓄电池信息采集器分别位于动力蓄电池包内部每个动力电池模块的前端，如图 4-58 和图 4-59 所示。

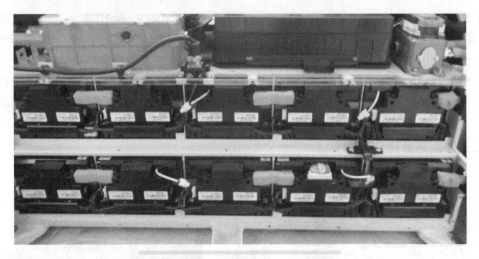

图 4-58 蓄电池信息采集器安装位置

图 4-59 蓄电池信息采集器

四、蓄电池管理系统框图

蓄电池管理系统框图如图 4-60 所示。

五、蓄电池异常状态报警和保护

蓄电池异常状态报警和保护见表 4-19。

六、电气原理图及插接件

蓄电池管理系统的电气原理图及插接件的定义分别如图 4-61 和图 4-62 所示。

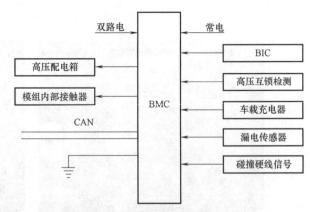

图 4-60 蓄电池管理系统框图

表 4-19 蓄电池异常状态报警和保护

故障状态	蓄电池管理控制器系统故障诊断状况	故障状态	蓄电池管理控制器系统故障诊断状况
模块温度>65℃	1级故障;一般高温告警	模块温度>70℃	2级故障;严重高温告警
模块(单体)电压>3.85V	1级故障;一般高压告警	模块(单体)电压>4.1V	2级故障;严重高压告警
模块(单体)电压<2.6V	1级故障;一般低压告警	模块(单体)电压<2.0V	2级故障;严重低压告警
绝缘电阻<设定值	1级故障;一般漏电告警	绝缘电阻<设定值	2级故障;严重漏电告警

单元四 比亚迪秦插电式混合动力系统构造与维修

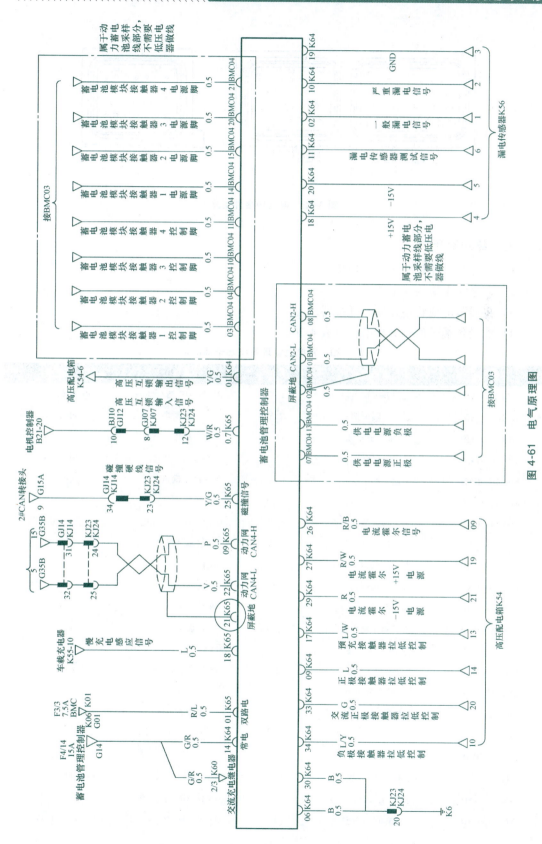

图 4-61 电气原理图

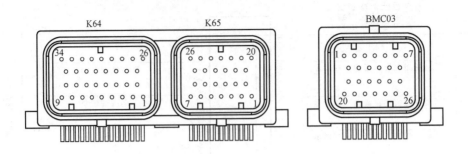

图 4-62 电气插接件定义

七、终端诊断

1) 断开蓄电池管理控制器插接器。
2) 测量线束端输入电压。
3) 接回蓄电池管理控制器插接器。
4) 测量各端子值。其标准值见表 4-20。

表 4-20 蓄电池管理系统端子标准值

连接端子	端子描述	线色	条件	正常值
K64-1—GND	维修开关输出信号	Y/G	ON 档/OK 档/充电	PWM 脉冲信号
K64-2—GND	一般漏电信号	G/Y	一般漏电	小于 1V
K64-6—GND	整车低压地	B	始终	小于 1V
K64-9—GND	正极接触器	L	整车上高压电	小于 1V
K64-10—GND	严重漏电信号	G/Y	严重漏电	小于 1V
K64-11—GND	漏电测试信号	W/B	—	—
K64-14—GND	12V 辅助蓄电池正	G/R	ON 档/OK 档/充电	9~16V
K64-17—GND	预充接触器	L/W	预充过程中	小于 1V
K64-18—GND	漏电传感器电源正	W/R	ON 档/OK 档/充电	9~16V
K64-19—GND	漏电传感器地	B	始终	2.5~3.5V
K64-20—GND	漏电传感器电源负	Y/L	ON 档/OK 档/充电	-16~9V
K64-26—GND	电流霍尔输出信号	R/B	电源 ON 档	0~4.2V
K64-27—GND	电流霍尔电源正	R/W	ON 档/OK 档/充电	9~16V
K64-29—GND	电流霍尔电源负	R	ON 档/OK 档/充电	-16~9V
K64-30—GND	整车低压地	B	始终	小于 1V
K64-31—GND	仪表充电指示灯信号	—	车载充电时	—
K64-33—GND	慢充正极接触器	G	上 ON 档电后 2s	小于 1V
K64-34—GND	负极接触器	L/Y	始终	小于 1V
K65-1—GND	12V DC 电源正	R/L	电源 ON 档/充电	11~14V
K65-7—GND	高压互锁输入信号	W/R	ON 档/OK 档/充电	PWM 脉冲信号
K65-9—GND	整车 CAN-H	P	ON 档/OK 档/充电	2.5~3.5V

(续)

连接端子	端子描述	线色	条件	正常值
K65-18—GND	慢充感应信号	L	车载充电时	小于1V
K65-21—GND	整车CAN地	B	始终	小于1V
K65-22—GND	整车CAN-L	V	ON档/OK档/充电	1.5~2.5V
K65-25—GND	碰撞信号	L	起动	约-15V
K65-26—GND	车载充电指示灯信号	—	车载充电时	—
BMC03-1—GND	采集器CAN-L	Y	ON档/OK档/充电	1.5~2.5V
BMC03-2—GND	采集器CAN地	B	始终	小于1V
BMC03-3—GND	模块接触器1控制	R/L	模块继电器吸合时	小于1V
BMC03-4—GND	模块接触器2控制	R/Y	模块继电器吸合时	小于1V
BMC03-7—GND	供电电源正	R	ON档/OK档/充电	9~16V
BMC03-8—GND	采集器CAN-H	W	ON档/OK档/充电	2.5~3.5V
BMC03-10—GND	模块接触器3控制	R/W	模块继电器吸合时	小于1V
BMC03-11—GND	模块接触器4控制	R/G	模块继电器吸合时	小于1V
BMC03-13—GND	GND	B	始终	小于1V
BMC03-14—GND	模块接触器1电源	L/B	ON档/OK档/充电	9~16V
BMC03-15—GND	模块接触器2电源	Y/B	ON档/OK档/充电	9~16V
BMC03-20—GND	模块接触器3电源	W/B	ON档/OK档/充电	9~16V
BMC03-21—GND	模块接触器4电源	G/B	ON档/OK档/充电	9~16V

八、诊断流程

1）把车开进维修间。

2）检查辅助蓄电池电压及整车低压线束供电是否正常。标准电压值：11~14V。如果电压值低于11V，在进行NEXT之前应充电或更换辅助蓄电池或检查整车低压线束。

3）对接好接插件，整车上ON档电，进行蓄电池管理控制器故障码诊断。

4）针对故障进行调整，维修或更换。

5）确认测试。

九、故障码

故障码见表4-21。

表4-21 故障码

编号	DTC	描述	应检查部位
1	P1A0000	严重漏电故障	检查动力蓄电池、高压配电箱、电机控制器与DC/DC变换器、空调压缩机和PTC
2	P1A0100	一般漏电故障	检查动力电池、高压配电箱、电机控制器与DC/DC变换器、空调压缩机和PTC
3	P1A0200	BIC1工作异常故障	采集器1

(续)

编号	DTC	描述	应检查部位
4	P1A0300	BIC2 工作异常故障	采集器 2
5	P1A0400	BIC3 工作异常故障	采集器 3
6	P1A0500	BIC4 工作异常故障	采集器 4
7	P1A0600	BIC5 工作异常故障	采集器 5
8	P1A0700	BIC6 工作异常故障	采集器 6
9	P1A0800	BIC7 工作异常故障	采集器 7
10	P1A0900	BIC8 工作异常故障	采集器 8
11	P1A0A00	BIC9 工作异常故障	采集器 9
12	P1A0B00	BIC10 工作异常故障	采集器 10
13	P1A0C00	BIC1 电压采样断线故障	蓄电池模块 1；软件会自己屏蔽掉，无须处理；若无法屏蔽，则需更换蓄电池模块
14	P1A0D00	BIC2 电压采样断线故障	蓄电池模块 2；软件会自己屏蔽掉，无须处理；若无法屏蔽，则需更换蓄电池模块
15	P1A0E00	BIC3 电压采样断线故障	蓄电池模块 3；软件会自己屏蔽掉，无须处理；若无法屏蔽，则需更换蓄电池模块
16	P1A0F00	BIC4 电压采样断线故障	蓄电池模块 4；软件会自己屏蔽掉，无须处理；若无法屏蔽，则需更换蓄电池模块
17	P1A1000	BIC5 电压采样断线故障	蓄电池模块 5；软件会自己屏蔽掉，无须处理；若无法屏蔽，则需更换蓄电池模块
18	P1A1100	BIC6 电压采样断线故障	蓄电池模块 6；软件会自己屏蔽掉，无须处理；若无法屏蔽，则需更换蓄电池模块
19	P1A1200	BIC7 电压采样断线故障	蓄电池模块 7；软件会自己屏蔽掉，无须处理；若无法屏蔽，则需更换蓄电池模块
20	P1A1300	BIC8 电压采样断线故障	蓄电池模块 8；软件会自己屏蔽掉，无须处理；若无法屏蔽，则需更换蓄电池模块
21	P1A1400	BIC9 电压采样断线故障	蓄电池模块 9；软件会自己屏蔽掉，无须处理；若无法屏蔽，则需更换蓄电池模块
22	P1A1500	BIC10 电压采样断线故障	蓄电池模块 10；软件会自己屏蔽掉，无须处理；若无法屏蔽，则需更换蓄电池模块
23	P1A1600	BIC1 温度采样电路故障	采集器 1
24	P1A1700	BIC2 温度采样电路故障	采集器 2
25	P1A1800	BIC3 温度采样电路故障	采集器 3
26	P1A1900	BIC4 温度采样电路故障	采集器 4
27	P1A1A00	BIC5 温度采样电路故障	采集器 5
28	P1A1B00	BIC6 温度采样电路故障	采集器 6
29	P1A1C00	BIC7 温度采样电路故障	采集器 7

(续)

编号	DTC	描述	应检查部位
30	P1A1D00	BIC8 温度采样电路故障	采集器 8
31	P1A1E00	BIC9 温度采样电路故障	采集器 9
32	P1A1F00	BIC10 温度采样电路故障	采集器 10
33	P1A2000	BIC1 温度采样断线故障	蓄电池模块 1；软件会自己屏蔽掉，无须处理；若无法屏蔽，则需更换蓄电池模块
34	P1A2100	BIC2 温度采样断线故障	蓄电池模块 2；软件会自己屏蔽掉，无须处理；若无法屏蔽，则需更换蓄电池模块
35	P1A2200	BIC3 温度采样断线故障	蓄电池模块 3；软件会自己屏蔽掉，无须处理；若无法屏蔽，则需更换蓄电池模块
36	P1A2300	BIC4 温度采样断线故障	蓄电池模块 4；软件会自己屏蔽掉，无须处理；若无法屏蔽，则需更换蓄电池模块
37	P1A2400	BIC5 温度采样断线故障	蓄电池模块 5；软件会自己屏蔽掉，无须处理；若无法屏蔽，则需更换蓄电池模块
38	P1A2500	BIC6 温度采样断线故障	蓄电池模块 6；软件会自己屏蔽掉，无须处理；若无法屏蔽，则需更换蓄电池模块
39	P1A2600	BIC7 温度采样断线故障	蓄电池模块 7；软件会自己屏蔽掉，无须处理；若无法屏蔽，则需更换蓄电池模块
40	P1A2700	BIC8 温度采样断线故障	蓄电池模块 8；软件会自己屏蔽掉，无须处理；若无法屏蔽，则需更换蓄电池模块
41	P1A2800	BIC9 温度采样断线故障	蓄电池模块 9；软件会自己屏蔽掉，无须处理；若无法屏蔽，则需更换蓄电池模块
42	P1A2900	BIC10 温度采样断线故障	蓄电池模块 10；软件会自己屏蔽掉，无须处理；若无法屏蔽，则需更换蓄电池模块
43	P1A2A00	BIC1 均衡电路故障	采集器 1
44	P1A2B00	BIC2 均衡电路故障	采集器 2
45	P1A2C00	BIC3 均衡电路故障	采集器 3
46	P1A2D00	BIC4 均衡电路故障	采集器 4
47	P1A2E00	BIC5 均衡电路故障	采集器 5
48	P1A2F00	BIC6 均衡电路故障	采集器 6
49	P1A3000	BIC7 均衡电路故障	采集器 7
50	P1A3100	BIC8 均衡电路故障	采集器 8
51	P1A3200	BIC9 均衡电路故障	采集器 9
52	P1A3300	BIC10 均衡电路故障	采集器 10
53	P1A3400	预充失败故障	检查动力蓄电池、高压配电箱、电机控制器与 DC/DC 变换器、空调压缩机、PTC、高压线束和漏电传感器
54	P1A3500	单体蓄电池电压严重过高	动力蓄电池

(续)

编号	DTC	描述	应检查部位
55	P1A3600	单体蓄电池电压一般过高	动力蓄电池
56	P1A3700	单体蓄电池电压严重过低	动力蓄电池
57	P1A3800	单体蓄电池电压一般过低	动力蓄电池
58	P1A3900	单体蓄电池温度严重过高	动力蓄电池
59	P1A3A00	单体蓄电池温度一般过高	动力蓄电池
60	P1A3B00	单体蓄电池温度严重过低	动力蓄电池
61	P1A3C00	单体蓄电池温度一般过低	动力蓄电池
62	P1A3D00	负极接触器回检故障	蓄电池管理控制器低压线束、配电箱、配电箱低压线束
63	P1A3E00	正极接触器回检故障	蓄电池管理控制器低压线束、配电箱、配电箱低压线束
64	P1A3F00	预充接触器回检故障	蓄电池管理控制器低压线束、配电箱、配电箱低压线束
65	P1A4000	充电接触器回检故障	蓄电池管理控制器低压线束、配电箱、配电箱低压线束
66	P1A4100	主接触器烧结故障	配电箱
67	P1A4200	负极接触器烧结故障	配电箱
68	P1A4300	蓄电池管理控制器+15V供电过高故障	蓄电池管理控制器、辅助蓄电池
69	P1A4400	蓄电池管理控制器+15V供电过低故障	蓄电池管理控制器、辅助蓄电池
70	P1A4500	蓄电池管理控制器-15V供电过高故障	蓄电池管理控制器、辅助蓄电池
71	P1A4600	蓄电池管理控制器-15V供电过低故障	蓄电池管理控制器、辅助蓄电池
72	P1A4700	交流充电感应信号断线故障	车载充电器、蓄电池管理控制器、低压线束
73	P1A4800	主电机开盖故障	电机控制器
74	P1A4900	高压互锁自检故障	蓄电池管理控制器、高压配电箱、维修开关、电机控制器与DC/DC变换器、低压线束
75	P1A4A00	高压互锁一直检测为高信号故障	蓄电池管理控制器、高压配电箱、维修开关、电机控制器与DC/DC变换器、低压线束
76	P1A4B00	高压互锁一直检测为低信号故障	蓄电池管理控制器、高压配电箱、维修开关、电机控制器与DC/DC变换器、低压线束
77	P1A4C00	漏电传感器失效故障	漏电传感器、低压线束、蓄电池管理控制器
78	P1A4D00	电流霍尔传感器故障	霍尔传感器
79	P1A4E00	蓄电池组过电流告警	整车电流过大、霍尔传感器故障
80	P1A4F00	蓄电池管理系统初始化错误	蓄电池管理控制器
81	P1A5000	蓄电池管理系统自检故障	蓄电池管理控制器
82	P1A5100	碰撞硬线信号PWM异常告警(预留)	安全气囊ECU、低压线束、蓄电池管理控制器

单元四　比亚迪秦插电式混合动力系统构造与维修

（续）

编号	DTC	描述	应检查部位
83	P1A5200	碰撞系统故障(预留)	安全气囊ECU、低压线束、蓄电池管理控制器
84	P1A5300	安全气囊ECU CAN 碰撞报警	安全气囊ECU、低压线束、蓄电池管理控制器
85	P1A5400	碰撞硬线报警	安全气囊ECU、低压线束、蓄电池管理控制器
86	P1A5500	蓄电池管理控制器12V电源输入过高	辅助蓄电池
87	P1A5600	蓄电池管理控制器12V电源输入过低	辅助蓄电池
88	P1A5700	大电流拉断接触器(预留)	整车电流过大、霍尔传感器故障
89	P1A5800	放电回路故障(预留)	—
90	P1A5900	与电机控制器通信故障	电机控制器、低压线束
91	P1A5A00	与漏电传感器通信故障	漏电传感器、低压线束
92	P1A5B00	与安全气囊ECU通信故障	安全气囊ECU、低压线束
93	P1A5C00	分压接触器1回检故障	分压接触器、模组采样通信线
94	P1A5D00	分压接触器2回检故障	分压接触器、模组采样通信线
95	P1A5E00	分压接触器3回检故障	分压接触器、模组采样通信线
96	P1A5F00	分压接触器4回检故障	分压接触器、模组采样通信线
97	U20B000	BIC1 CAN 通信超时故障	采集器、CAN线
98	U20B100	BIC2 CAN 通信超时故障	采集器、CAN线
99	U20B200	BIC3 CAN 通信超时故障	采集器、CAN线
100	U20B300	BIC4 CAN 通信超时故障	采集器、CAN线
101	U20B400	BIC5 CAN 通信超时故障	采集器、CAN线
102	U20B500	BIC6 CAN 通信超时故障	采集器、CAN线
103	U20B600	BIC7 CAN 通信超时故障	采集器、CAN线
104	U20B700	BIC8 CAN 通信超时故障	采集器、CAN线
105	U20B800	BIC9 CAN 通信超时故障	采集器、CAN线
106	U20B900	BIC10 CAN 通信超时故障	采集器、CAN线
107	U029700	有感应信号但没有车载报文故障	车载充电器、低压线束
108	U012200	有感应信号但没有起动BMS报文故障(低压BMS)	辅助蓄电池、低压线束
109	P1A6000	高压互锁故障	蓄电池管理控制器、高压配电箱、维修开关、电机控制器与DC/DC变换器、低压线束

十、蓄电池管理控制器的更换流程

若确认蓄电池管理控制器有问题，导致车辆不能运行，请按以下步骤进行拆卸。

1）将车辆退电至OFF档，拆下后排座椅，断开维修开关，等待5min。

2）拆掉行李舱内饰护面。

3）拔掉蓄电池管理控制器上连接的动力蓄电池采样线和整车低压线束的插接件，拔掉整车低压线束在蓄电池管理控制器支架上的固定卡扣。

4）用10号套筒拆卸蓄电池管理控制器的3个固定螺母。

5）更换蓄电池管理控制器，插上动力蓄电池采样线和整车低压线束的插接件，插上维修开关手柄并确认。

6)断开维修开关,用10号套筒拧紧蓄电池管理控制器的3个固定螺母。

7)插上维修开关手柄,安装好行李舱内饰护面和后排座椅,结束。

课题六 充电系统的检修

一、概述

比亚迪秦充电系统主要是通过家用插头和交流充电桩接入交流充电口,通过车载充电器将家用220V交流电转为高压直流电给动力蓄电池进行充电,其主要由交流充电口、车载充电器、蓄电池管理控制器、高压配电箱和动力蓄电池等组成,如图4-63所示。

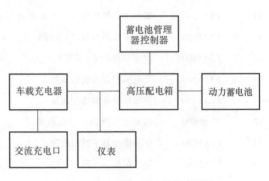

图4-63 充电系统结构框图

二、充电系统的主要部件

1. 交流充电连接装置及交流充电口总成

(1)交流充电连接装置(图4-64) 连接供电端三芯插头,充电连接装置上的控制盒亮起"READY"指示灯,同时"CHARGE"指示灯闪烁,如图4-65所示。

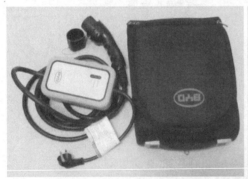

图4-64 交流充电连接装置

(2)交流充电口总成 又称慢充口,位于行李舱门上,用于将外部交流充电设备的交流电源连接到车辆充电回路上。车辆外部通过充电连接装置连接到交流充电设备,车辆内部

单元四 比亚迪秦插电式混合动力系统构造与维修

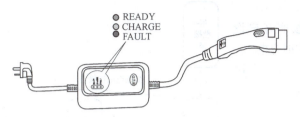

图 4-65 交流充电连接装置指示灯

通过高压电缆连接到车载充电器上。

2．车载充电器（图 4-66）

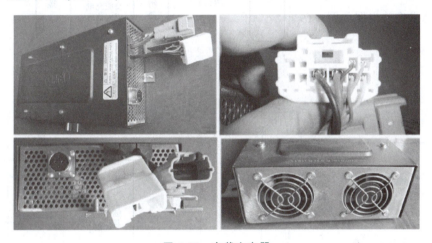

图 4-66 车载充电器

1）安装位置。车载充电器（On-Board Charger，OBC）位于行李舱右部。
2）功用。将交流充电口传递过来的交流电源转换为直流高压电为动力蓄电池充电。
3）车载充电器控制线束针脚如图 4-67 所示，引脚定义见表 4-22。

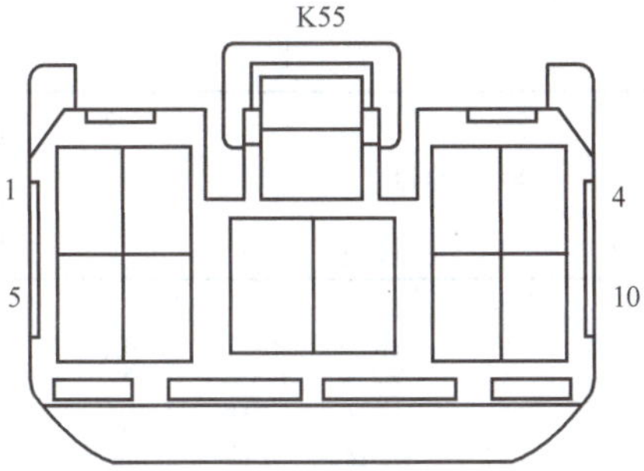

表 4-22 车载充电器低压 10 针接插件（K55）引脚定义

引脚号码	定义
3	CAN-L
4	充电指示灯信号
7	接地
8	持续 10A 电流
9	CAN-H
10	充电感应信号
其余	空脚

图 4-67 车载充电器控制线束针脚

三、充电流程和充电方式

1．充电流程

充电流程如图 4-68 所示。

2. 充电方式

1) 预约充电,按照客户设置的充电时间对车辆定时充电。

2) 即时充电,一般为直接充电。家用单相交流充电性能参数:

输入电压:AC 220V 50Hz。
输入功率:1.5kW。

四、充电请求允许电路

充电请求允许电路如图4-69所示。

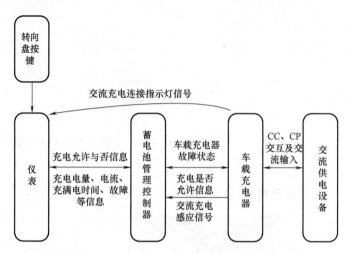

图4-68 充电流程

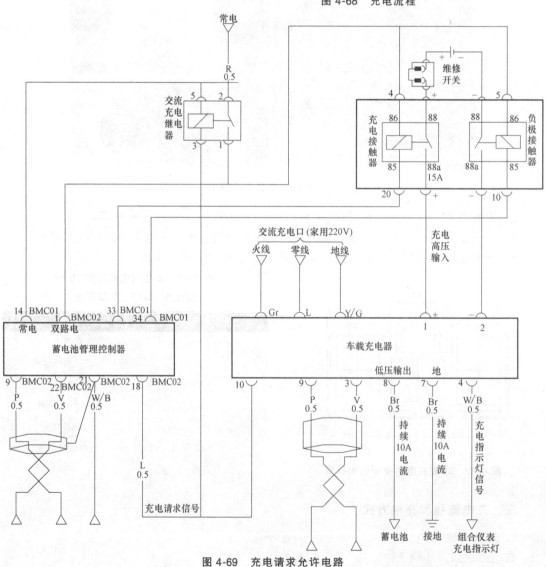

图4-69 充电请求允许电路

五、诊断流程

1）把车开进维修间。

2）检查辅助蓄电池电压。标准电压值：11~14V。如果电压值低于11V，在进行 NEXT 之前应充电或更换辅助蓄电池。

3）参考故障症状表。如果故障现象不在故障症状表或 DTC 中，则进行第 4）步；如果故障现象在故障症状表或 DTC 表中则进行第 5）步。

4）全面分析与诊断。

5）调整，维修或更换。

6）确认测试。

六、故障码列表

故障码列表见表4-23。

表 4-23 故障码列表

序号	故障码 （ISO 15031-6）	故障定义
1	P150000	车载充电器输入欠电压
2	P150100	车载充电器输入过电压
3	P150200	车载充电器高压输出断线故障
4	P150300	车载充电器高压输出电流过电流
5	P150400	车载充电器高压输出电流过低
6	P150500	车载充电器高压输出电压低
7	P150600	车载充电器高压输出电压高
8	P150700	车载充电器接地状态故障
9	P150800	车载充电器风扇状态故障
10	P150900	DC 逆变桥温度故障
11	P150A00	PFC 输出状态故障
12	P150B00	PFC 桥温度故障
13	P150C00	供电设备故障
14	P150D00	低压输出断线
15	P150E00	辅助蓄电池电压过低
16	P150F00	辅助蓄电池电压过高
17	P151000	交流充电感应信号断线故障
18	U011100	与蓄电池管理控制器通信故障
19	U015500	与组合仪表通信故障

七、全面诊断流程

1）车上检查。检查维修开关是否松动或未安装。

2）检查交流充电连接装置。

① 插上交流充电连接装置。

② 检查缆上控制盒的"READY"灯是否常亮,"CHARGE"灯是否闪烁。

3)检查仪表充电指示灯是否亮。

① 将交流充电连接装置连接充电桩或家用电源。

② 观察仪表充电指示灯是否亮。

③ 用万用表测量车载充电器低压插接件电压,如图4-70所示。K65-18—车身电压应小于1V。

如果不正常,则充电连接装置重新配合或更换车载充电器。

4)检查车载充电器感应信号。

① 将交流充电连接装置连接充电桩或家用电源。

② 判断车载充电器风扇是否工作。

③ 用万用表测量车载充电器低压插接件电压(充电请求信号),K55-10—车身电压应小于1V。

如果不正常,则更换车载充电器。

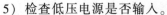

图4-70 测量车载充电器低压插接件电压

5)检查低压电源是否输入。

① 不连接交流充电连接装置。

② 用万用表测量车载充电器低压插接件电压(辅助蓄电池正负),K55-8—车身电压应为11~14V;K55-7—车身电压应小于1V。

如果不正常,则更换线束。

6)检查交流充电及OFF档充电继电器。

① 不连接交流充电连接装置。

② 取下充电继电器。

③ 给控制端加电压,检查继电器是否吸合,如图4-71所示。

如果不正常,则更换继电器。

7)检查配电箱车载充电熔断器,如图4-72所示。

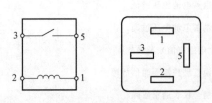

车载充电熔断器

图4-71 检查继电器　　　图4-72 检查配电箱车载充电熔断器

① 不连接交流充电连接装置。

② 拆开配电箱侧边小盖。

③ 测量下方车载熔断器（30A）是否导通。

如果不正常，则更换车载充电保险。

8）检查配电箱车载充电接触器。

① 用万用表检测配电箱低压插接件 K54-4。

② 将交流充电连接装置连接充电桩或家用电源。

③ 测量接插件对应引脚低压是否为 12V 以上。

如果不正常，则检查接触器供电低压线束。

9）检查配电箱车载充电接触器。

① 用万用表检测配电箱低压插接件 K54-20。

② 将交流充电连接装置连接充电桩或家用电源。

③ 测量插接件对应引脚低压是否为 1V 以下。

如果不正常，则检查接触器控制低压线束或蓄电池管理控制器。

10）检查配电箱负极接触器。

① 用万用表检测配电箱低压插接件 K54-5。

② 将交流充电连接装置连接充电桩或家用电源。

③ 测量插接件对应引脚低压是否为 12V 以上。

如果不正常，则检查接触器供电低压线束。

11）检查配电箱负极接触器。

① 用万用表检测配电箱低压插接件 K54-10。

② 将交流充电连接装置连接充电桩或家用电源。

③ 测量插接件对应引脚低压是否为 1V 以下。

如果不正常，则检查接触器控制低压线束或蓄电池管理控制器。

12）检查交流充电口总成。

① 拔出交流充电口插接件。

② 分别测量充电口和插接件两端各对应引脚是否导通。

如果不正常，则更换交流充电口总成。

13）检查蓄电池管理控制器充电请求信号输入。

① 将交流充电口连接充电桩或家用电源。

② 断开管理器 26 针插接件，测量线束端电压（充电请求信号），K65-18—车身电压应小于 1V。

如果不正常，则更换线束或检查蓄电池管理控制器。

14）检查 CAN 通信。

① 将交流充电口连接充电桩或家用电源。

② 用万用表测量车载充电器低压线束端电压。K55-3—车身电压应为 1.5~2.5V；K55-9—车身电压应为 2.5~3.5V。

如果不正常，则更换 CAN 线束。

15）检查车载充电器充电输出电压。

① 将交流充电口连接充电桩或家用电源。

② 用万用表测量车载充电器输出端电压，高压正—高压负电压应为 228~577V。

如果不正常，则更换车载充电器。

16）检查高压配电箱输出电压。

① 将蓄电池包正、负极拔出。

② 用万用表测量动力蓄电池正、负极端电压，高压正—高压负电压应为 228~577V。

如果不正常，则更换高压配电器。

17）检查整车回路。检查车载充电器、配电箱、蓄电池管理控制器的插接件是否松动、破损或未安装。

如果不正常，则重新安装或更换产品。

八、车载充电器总成和交流充电口总成的拆装

1. 车载充电器总成的拆装（图 4-73）

（1）结构组成　车载充电器总成由盒盖、盒体、支架和散热器等组成。

（2）拆卸维修前准备工作

① 将点火开关置于 OFF 档。

② 辅助蓄电池断电。

③ 拔掉维修开关。

④ 拆卸行李舱右后内饰板。

（3）拆卸

① 断开外部插接件，包括高压输出插接件（接高压配电箱的电缆）、低压插接件（包含 CAN 线线束）和交流输入插接件（220V 电源线）。

② 用棘轮扳手将车载充电器交流输入搭铁线的 M6 六角法兰面螺母松开，并将 3 个固定车载支架上的 M6×12 六角法兰面承面带齿螺栓拧下。

③ 将车载充电器轻轻取出。

（4）装配

① 戴上手套，把车载充电器放置在后舱安装支架上，使车载充电器支架上的孔和车身上支架的孔对正；将车载充电器安装在行李舱右侧，先将右侧通风口处六角法兰面承面带齿螺栓 Q1800612T1F3 先拧上，将车载充电器推入、对准孔位，再将左侧两颗六角法兰面承面带齿螺栓 Q1800612T1F3 固定，同时将 3 颗螺栓拧紧，紧固力矩为 8N·m。

② 将交流输入插接件和搭铁线固定好。插接件对准防错角度插入并顺时针拧紧锁死，搭铁线用六角法兰面螺母 Q32006T2F3C 拧紧，紧固力矩为 6N·m。

校核无误后，打上油漆印记。

③ 将低压插接件和高压输出插接件对接固

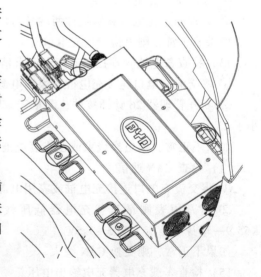

图 4-73　车载充电器总成的拆装

定好。

注意：操作员操作时应戴好手套，以免碰伤。安装前，应确保车载充电器外观清洁，表面油漆不应有划痕。

2. 交流充电口总成的拆装（图 4-74）

（1）结构组成　交流充电口总成由车辆插座、电缆和插接件等组成。

（2）拆卸维修准备工作

① 将点火开关置于 OFF 档。

② 辅助蓄电池断电。

③ 拔掉维修开关。

④ 拆卸行李舱右后内饰板。

⑤ 拔掉蓄电池管理控制器。

⑥ 拆卸铰链护板。

（3）拆卸

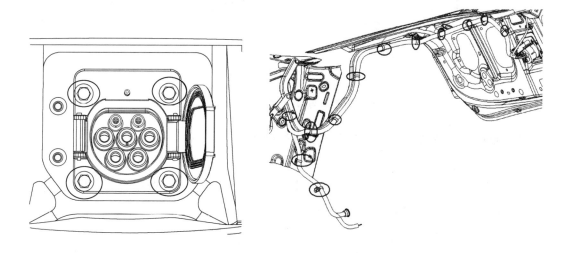

图 4-74　交流充电口总成的拆装

① 断开交流输出插接件（与车载充电器对接插接件）。

② 将固定电缆的扎带松开（固定在车身钣金和铰链上）。

③ 用棘轮将固定充电口座的 M6×20 六角法兰面承面带齿螺栓拧下。

④ 将交流充电口往车外轻轻取出。

（4）装配

① 戴上手套，把交流充电口尾部电缆穿过钣金，正对充电口座确认好方向（盖子打开方向向右打开）用 4 颗六角法兰面承面带齿螺栓 Q1800620T1F31 固定，紧固力矩为 8N·m。

② 将电缆扎带依次固定在车身钣金和铰链上。

③ 将插接件与车载充电器对接好。

注意：操作员操作时应戴好手套，以免碰伤。安装前，应确保充电口外观清洁，表面油漆不应有划痕及电缆插接件表面不应破损。

课题七 电机控制器与 DC/DC 变换器总成的检修

一、电机控制器与 DC/DC 变换器总成的安装位置

电机控制器与 DC/DC 变换器总成安装在前机舱左侧，如图 4-75 所示。

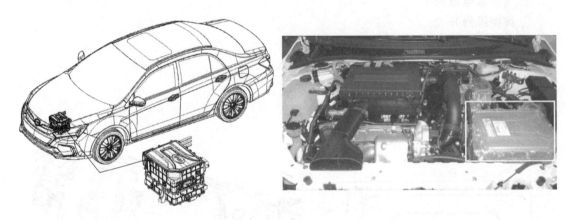

图 4-75 电机控制器与 DC/DC 变换器总成的安装位置

二、电机控制器与 DC/DC 变换器总成的作用

1. 电机控制器

1) 作为动力系统的总控中心，驱动电机的运行，根据工况控制电机的正反转、功率、转矩和转速等；协调发动机管理系统工作。

2) 采集电机的旋变、温度、制动、加速踏板开关信号。

3) 通过 CAN 通信采集制动深度、档位信号、驻车开关信号、起动命令、蓄电池管理控制器相关数据及控制器的故障信息。

4) 内部处理的信号有直流侧母线电压、交流侧三相电流、IGBT 温度、电机的三相绕组阻值。

2. DC/DC 变换器总成

1) 降压 负责将动力蓄电池的高压电转换成 13.5V。DC/DC 变换器总成在主接触吸合时工作，输出的 13.5V 电源供给整车用电器工作，并且在辅助蓄电池亏电时给辅助蓄电池充电。

2) 升压 当动力蓄电池电量不足时，DC/DC 变换器总成将发电机发出的电供整车低压用电器用电后多余的电量升压，给动力蓄电池充电及空调用。

三、电机控制器的功能控制

电机控制器的功能要求见表 4-24。

表 4-24 电机控制器的功能要求

分类	功能
电机控制	转矩控制
	功率控制
	能量回馈功能
	爬坡助手功能
整车控制	辅助整车上电/掉电功能
	经济模式、运动模式
	动力系统防盗功能
	巡航控制功能
	ESC/Has-Hev 匹配
	档位控制
	软件更新功能
	状态管理
安全控制	异常处理功能
	制动优先功能
	辅助 BMS 进行烧结检测功能
	泄放电功能

电机控制器功能较多，对于双模控制的一键起动上电和防盗来说，根据 BCM 发出的起动开始指令，电机控制器开始与 I-KEY 和 ECM 进行防盗对码，对码成功后防盗解除，电机控制器发起动允许指令给 BMS，开始进行预充，预充成功后 OK 灯亮。若预充失败，电机控制器起动发动机，OK 灯也将亮。

四、电机控制器与 DC/DC 变换器总成框图和电路原理

1. 电机控制器系统框图和电路原理图

电机控制器系统框图和电路原理如图 4-76 和图 4-77 所示。

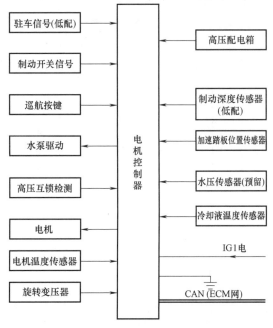

图 4-76 电机控制器系统框图

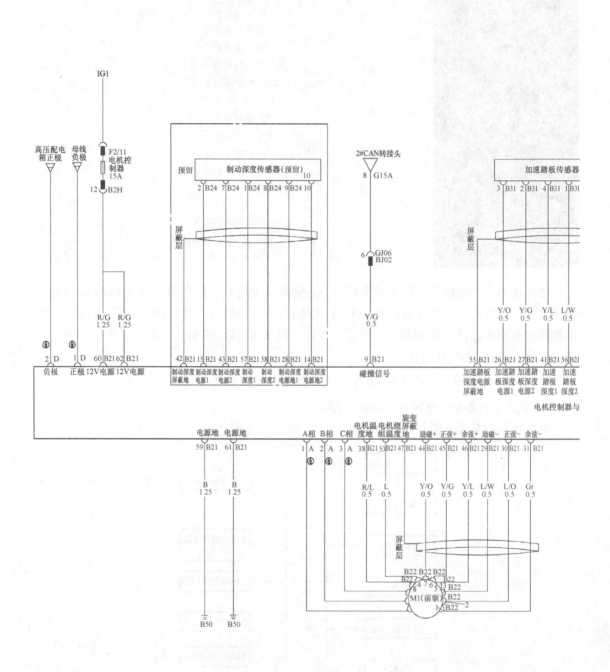

图 4-77 电机控制器

单元四　比亚迪秦插电式混合动力系统构造与维修

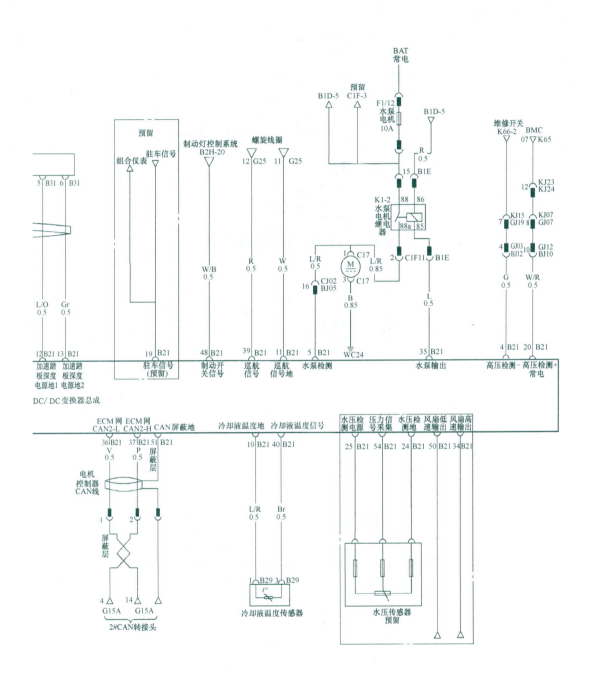

系统电路原理图

2. DC/DC 变换器总成系统框图和电路原理

DC/DC 变换器总成系统框图和电路原理如图 4-78 和图 4-79 所示。

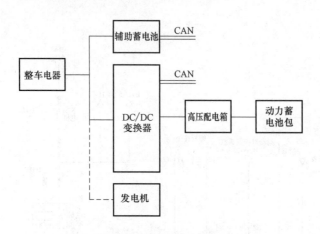

图 4-78 DC/DC 变换器总成系统框图

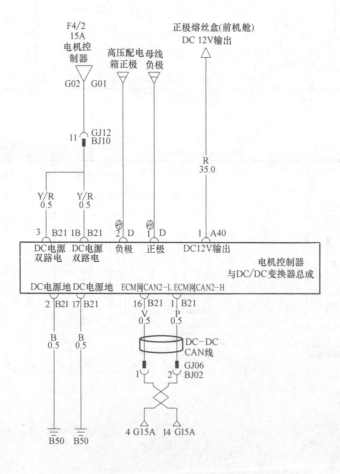

图 4-79 DC/DC 变换器总成系统电路原理图

五、DC/DC 变换器总成故障诊断流程

1）把车开进维修间。

2）检查辅助蓄电池电压。标准电压值：11～14V。如果电压值低于 11V，在进行下一步之前应充电或更换辅助蓄电池。

3）参考故障症状表。故障现象不在故障症状表中则进行第 4）步，故障现象在故障症状表中则进行第 5）步。

4）全面诊断。

5）调整，维修或更换。

6）确认测试。

六、DC/DC 变换器终端诊断

将诊断仪连接 DLC3 诊断口，进行诊断，故障码见表 4-25。

提示：将诊断仪连接 DLC3 诊断口，如果提示通信错误，则可能是车辆 DLC3 诊断口故障，也可能是诊断仪故障。将诊断仪连接另一辆车的 DLC3 诊断口，如果可以显示，则原车 DLC3 诊断口有故障，需更换。若不可显示，则诊断仪故障。

表 4-25 故障码

DTC	描述	备注
P1EC000	降压时高压侧电压过高	保护值 600V
P1EC100	降压时高压侧电压过低	保护值 300V
P1EC200	降压时低压侧电压过高	保护值 16V
P1EC300	降压时低压侧电压过低	保护值 9V
P1EC400	降压时低压侧电流过高	保护值 160A
P1EC500	降压时低压侧负电流	预留
P1EC600	降压时高压侧电流过高	预留
P1EC700	降压时硬件故障	低压输出电压小于 13.4V,低压输出电流小于 20A
P1EC800	降压时低压侧短路	预留
P1EC900	降压时低压侧断路	预留
P1ECA00	升压时高压侧电压过高	保护值 600V
P1ECB00	升压时低压侧电压过高	保护值 15V
P1ECC00	升压时低压电压过低	低压小于 12.8V
P1ECD00	升压时低压侧电流过高	保护值 100A
P1ECE00	升压时高压侧电流过高	预留
P1ECF00	升压时高压侧电压过低	保护值 350V
P1EE000	散热器温度过高	温度高于 85℃
U016400	与空调通信故障	5S 未收到空调报文
U010300	与 ECM 通信故障	5S 未收到 ECM 报文
U011000	与电机控制器通信故障	预留
U012200	与低压 BMS 通信故障	5S 未收到低压 BMS 报文
U011100	与蓄电池管理控制器通信故障	5S 未收到蓄电池管理控制器报文
U029D00	与 ESC 通信故障	5S 未收到低压 ESC 报文
U014000	与 BCM 通信故障	5S 未收到低压 BCM 报文

1. P1EC000 降压时高压侧电压过高

1）检查动力蓄电池电压。

① 插上维修开关，置于 ON 档。

② 用诊断仪读取蓄电池管理控制器发出的动力蓄电池电压，正常值为 450～550V。

2)检测高压母线电压。

① 整车处于 OFF 档,断开维修开关,等待 5min。

② 打开电机控制器上盖。

③ 插上维修开关,整车置于 ON 档。

④ 测量高压母线的电压。

母线正→母线负电压为 450~550V。如果正常,则检查高压配电盒及高压电路;如果不正常,则进行第 3)步。

3)更换电机控制器与 DC/DC 变换器总成。

2. P1EC100 降压时高压侧电压过低

1)检查动力蓄电池电量。检测动力蓄电池电量是否大于 10%,如果不正常,则给动力蓄电池充电。

2)检测高压母线电压。

① 断开维修开关,等待 5min。

② 打开电机控制器上盖。

③ 插上维修开关,整车置于 ON 档。

④ 测量高压母线的电压。

母线正→母线负电压约为 450~550V。如果不正常,则检查高压配电盒及高压电路;如果正常,则进行第 3)步。

3)更换电机控制器与 DC/DC 变换器总成。

3. P1EC200 降压时低压侧电压过高

1)检查低压蓄电池电压。检测低压蓄电池电压是否小于 16V。如果不正常,则检修或更换低压蓄电池。

2)检查低压发电机输出电压。检测发电机输出电压是否小于 16V,直接测试发电机输出端的电压。如果不正常,则检修或更换低压发电机;如果正常,则进行第 3)步。

3)更换电机控制器与 DC/DC 变换器总成。

4. P1EC300 降压时低压侧电压过低

1)检查辅助蓄电池电压。检测辅助蓄电池电压是否大于 9V。如果不正常,则检修或更换低压蓄电池;如果正常,则进行第 2)步。

2)更换电机控制器与 DC/DC 变换器总成。

5. P1EC400 降压时低压侧电流过高

1)检查低压线束和电器。检测低压线束和电器是否正常(短路引起过电流)。

2)更换电机控制器与 DC/DC 变换器总成。

6. P1ECD00 升压时低压侧电流过高

1)检测高压母线电压。

① 断开维修开关,等待 5min。

② 打开电机控制器上盖。

③ 插上维修开关,整车置于 ON 档。

④ 测量高压母线的电压。

母线正→母线负电压约为 450~550V。如果不正常,则给动力蓄电池充电;如果正常,则进行第2）步。

2）更换电机控制器与DC/DC变换器总成。

7. P1EE000 散热器过温

1）检查冷却液。检查冷却液是否充足，如果不正常，则加注冷却液。

2）检测冷却液管路及水泵。检查冷却液管路是否通畅，水泵是否正常工作。如果不正常，则疏通管路，更换水泵；如果正常，则进行第3）步。

3）更换电机控制器与DC/DC变换器总成。

七、DC/DC变换器全面诊断

1. 检测相应端子

检测的相应端子见表4-26。

表4-26 DC/DC变换器全面诊断

连接端子	端子描述	线色	条件	正常值
B21-1—B21-16	CANH1 DC CAN 高	P	OFF 档	54~69Ω
B21-2—车身	GND(VCC)1 DC 电源地	B	OFF 档	<1Ω
B21-3—B21-17	VCC1 DC 电源	Y/R	ON 档	11~14V
B21-16—B21-1	CANL1 DC CAN 低	V	OFF 档	54~69Ω
B21-17—车身	GND(VCC)1 DC 电源地	B	OFF 档	<1Ω
B21-18—B21-17	VCC1 DC 电源	Y/R	ON 档	11~14V

2. 检测DC/DC变换器低压输出端电压

在EV模式、ON档条件下，A40-1—车身地应为13.5~14.5V。

八、电机控制器与DC/DC变换器总成的终端诊断

电机控制器终端诊断：将诊断仪连接到DLC3诊断口，进行故障诊断，故障码见表4-27。

表4-27 电机控制器故障码

DTC	描述	备注
P1B00	电机电流过流故障	电流超过600A
P1B01	IPM 保护	硬件 IPM 保护
P1B02	旋变故障	旋变线束松动、旋变器件有故障
P1B03	欠电压保护故障	主接触器吸合后电压低于330V
P1B04	过电压保护故障	主接触器吸合后电压高于570V
P1B05	过载保护	电机电流超过设定值
P1B06	断相保护	电机三相电流断相
P1B07	加速踏板信号1回路故障	加速踏板故障,加速踏板1、2出错或互较出错
P1B08	加速踏板信号2回路故障	
P1B0B	碰撞保护	检测到碰撞信号
P1B0C	档位错误	档位信号出错

(续)

DTC	描述	备注
P1B0D	开盖保护	控制器开盖
P1B0E	EEPROM 错误	EEPROM 读写故障
P1B0F	巡航开关回路故障(预留)	巡航开关信号出错
P1B10	I-KEY 防盗解除失败	没有密码或没有钥匙
P1B11	ECM 防盗解除失败	I-KEY 防盗失败或 ECM 防盗失败
P1B12	冷却液压力报警(预留)	压力过高,信号失效
P1B13	电机温度过高报警	超过限制温度
P1B14	IGBT 温度过高报警	超过限制温度
P1B15	冷却液温度过高报警	超过限制温度
P1B16	IPM 散热器温度过高报警	超过限制温度
P1B17	P 位报警	P 位状态出错
P1B18	互锁故障	母线电压没有与信号匹配
P1B19	主动泄放故障(预留)	主动泄放功能为预留的功能:由电源管理器发出命令,电机控制器执行主动泄放动作。具体如何检测,能否检测还需讨论
U2D0C	电机控制器与 ABS 通信故障	5s 内没有接收报文则判断为故障
U2D0D	与蓄电池管理控制器通信故障	5s 内没有接收报文则判断为故障
U2D0E	电机控制器与 P 位控制器通信故障	5s 内没有接收报文则判断为故障
U2D0F	电机控制器与 ECM 通信故障	5s 内没有接收报文则判断为故障
U2D10	电机控制器与 ESC 通信故障	5s 内没有接收报文则判断为故障
U2D11	电机控制器与 ACM 通信故障	2s 内没有接收报文则判断为故障

(1) P1B00 电机电流过流故障。

1) 检查电机是否正常。如果不正常,则是电机故障;如果正常,则进行第 2) 步。

2) 更换电机控制器与 DC/DC 变换器总成。

(2) P1B01 IPM 保护。更换电机控制器与 DC/DC 变换器总成。

(3) P1B02 旋变故障。

1) 检查低压插接件。

① OFF 档下电,拔掉电机控制器低压插接件。

② 测量 B21-45 和 B21-30 电阻是否为 15~19Ω;测量 B21-46 和 B21-31 电阻是否为 15~19Ω;测量 B21-44 和 B21-29 电阻是否为 7~10Ω。

③ 如果②所测电阻正常,则检查 B22 插接件是否松动,如果没有松动,则为动力总成故障。如果正常,则进行第 2) 步。

2) 更换电机控制器与 DC/DC 变换器总成。

(4) P1B03 欠压保护故障。

1) 检查动力蓄电池电量。检测动力蓄电池电量是否大于 10%。如果不正常,则给动力蓄电池充电。

2) 检测高压母线。

① 断开维修开关,等待 5min。

② 拔掉电机控制器高压插接件端子。

③ 插上维修开关，整车上电（显示 OK），EV 模式。

测量母端电压值母线正→母线负电压应约 450~550V。如果不正常，则检查高压配电盒及高压电路；如果正常，则进行第 3）步。

3) 更换电机控制器与 DC/DC 变换器总成。

(5) P1B04 过电压保护故障。

1) 检查动力蓄电池电量。

检测动力蓄电池电量是否大于 10%，如果不正常，则给动力蓄电池充电。

2) 检测高压母线。

① 断开维修开关，等待 5min。

② 拔掉电机控制器高压插接件端子。

③ 插上维修开关，整车上 OK 电，EV 模式。

④ 测量母端电压值。母线正→母线负电压应为约 450~550V。如果不正常，则检查高压配电盒及高压电路；如果正常，则进行第 3）步。

3) 更换电机控制器与 DC/DC 变换器总成。

(6) P1B05 过载保护。

1) 检测动力总成。如果不正常，则是动力总成故障。如果正常，则进行第 2）步。

2) 更换电机控制器与 DC/DC 变换器总成。

(7) P1B06 断相保护。

1) 检查低压插接件。检查低压插接件是否松动，如果松动，则插紧或更换插接件；如果正常，则进行第 2）步。

2) 检测动力总成。如果是动力总成故障，则进行检修；如果正常，则进行第 3）步。

3) 更换电机控制器与 DC/DC 变换器总成。

(8) P1B07 加速踏板信号 1 回路故障。

1) 检查低压插接件。检查低压插接件是否松动，如果松动，则插紧或更换插接件；如果正常，则进行第 2）步。

2) 检测加速踏板传感器。如果是加速踏板传感器故障，则更换加速踏板传感器；如果正常，则进行第 3）步。

3) 更换电机控制器与 DC/DC 变换器总成。

(9) P1B08 加速踏板信号 2 回路故障。

1) 检查低压插接件。检查低压插接件是否松动，如果松动，则插紧或更换插接件；如果正常，则进行第 2）步。

2) 检测加速踏板传感器。如果是加速踏板传感器故障，则更换加速踏板传感器；如果正常，则进行第 3）步。

3) 更换电机控制器与 DC/DC 变换器总成。

(10) P1B0B 碰撞保护。

1) 检查安全气囊 ECU。

① 用诊断仪读取安全气囊 ECU 是否整车发生碰撞，如果有，清除 P1B0B 故障码即可。

② 用示波器测量低压接插件引脚 B21-9 和 GND，看是否有 PWM 波存在。

如果不正常,则检查线束和安全气囊 ECU;如果正常,则进行第 2) 步。

2) 更换电机控制器与 DC/DC 变换器总成。

(11) P1B0D 开盖保护。

1) 检查控制器盖子。检测控制器盖子是否打开,如果打开,则盖上盖子;如果正常,则进行第 2) 步。

2) 更换电机控制器与 DC/DC 变换器总成。

(12) P1B0E EEPROM 错误,更换电机控制器与 DC/DC 变换器总成。

(13) P1B13 电机温度过高报警。

1) 检查高压冷却回路。如果是冷却回路故障,则进行检修;如果冷却回路正常,则进行第 2) 步。

2) 检查电机。如果是电机故障,则进行检修;如果电机正常,则进行第 3) 步。

3) 更换电机控制器与 DC/DC 变换器总成。

(14) P1B14 IGBT 温度过高报警。

1) 检查高压冷却回路。如果是冷却回路故障,则进行检修;如果冷却回路正常,则进行第 2) 步。

2) 更换电机控制器与 DC/DC 变换器总成。

(15) P1B15 冷却液温度过高报警。

1) 检查高压冷却回路。如果是冷却回路故障,则进行检修;如果冷却回路正常,则进行第 2) 步。

2) 更换电机控制器与 DC/DC 变换器总成。

(16) P1B16 IPM 散热器温度过高报警。

1) 检查高压冷却回路。如果是冷却回路故障,则进行检修;如果冷却回路正常,则进行第 2) 步。

2) 更换电机控制器与 DC/DC 变换器总成。

(17) U2D0C 电机控制器与 ABS 通信故障。

1) 检查低压插接件和线束。检查低压插接件是否松动,如果松动,则插紧或更换插接件;如果正常,则进行第 2) 步。

2) 检测 ABS。如果是 ABS 故障,则进行检修;如果 ABS 正常,则进行第 3) 步。

3) 更换电机控制器与 DC/DC 变换器总成。

九、电机控制器全面诊断

电机控制器全面诊断见表 4-28。

表 4-28 电机控制器全面诊断

连接端子	引脚名称/功能	条件	正常值
B21-4—B21-61	/HV_LOCK2 高压互锁输入 2	ON 档	PWM 信号
B21-5—B21-61	/PUMP_TEST 水泵检测输入	OK 档,EV 模式	10~14V
B21-6	预留	预留	预留
B21-7	预留	预留	预留
B21-8	预留	预留	预留
B21-9—B21-61	CRASH_IN 碰撞信号	ON 档	PWM 信号

（续）

连接端子	引脚名称/功能	条件	正常值
B21-10—车身	GND 冷却液温度检测电源地	OFF 档	<1Ω
B21-11—B21-39	GND 巡航信号地	OFF 档	2150~2190Ω
B21-12—B21-61	GND 加速踏板深度电源地 1	OFF 档	<1Ω
B21-13—B21-61	GND 加速踏板深度电源地 2	OFF 档	<1Ω
B21-14—B21-61	GND 制动深度电源地 2	OFF 档	<1Ω
B21-15—B21-61	+5V 制动深度电源 1	ON 档	0~5V 模拟信号
B21-19—B21-61	/IN_HAND_BRAKE 驻车制动信号	ON 档	0~12 高低电平信号
B21-20—车身	/HV_LOCK1 高压互锁输入 1	ON 档	PWM 信号
B21-21	调试 CAN 高	预留	预留
B21-22	调试 CAN 低	预留	预留
B21-23—车身	KEY_CONTROL 钥匙信号	预留	预留
B21-24—车身	GND 水压检测地	预留	预留
B21-25—车身	+5V 水压检测电源	预留	预留
B21-26—车身	+5V 加速踏板深度电源 1	ON 档	0~5V 模拟信号
B21-27—车身	+5V 加速踏板深度电源 2	ON 档	0~5V 模拟信号
B21-28—车身	GND 制动深度电源地 1	OFF 档	<1Ω
B21-29—B21-44	/EXCOUT 励磁+ -/EXCOUT 励磁-	OFF 档	7~10Ω
B21-30—B21-45	SIN—正弦-	OFF 档	15~19Ω
B21-31—B21-46	COS—余弦-	OFF 档	15~19Ω
B21-32—车身	预留	预留	预留
B21-32	预留	预留	预留
B21-34	/FAN_H_OUT 风扇高速输出（空）	预留	预留
B21-35—B21-61	/PUMP_OUT 水泵输出	ON 档水泵未工作	10~14V
		OK,EV 模式水泵工作	<1V
B21-36—B21-37	CANL CAN 信号低	OFF 档	54~69Ω
B21-37—B21-36	CANH CAN 信号高	OFF 档	54~69Ω
B21-38—车身	GND2 电机温度地	OFF 档	<1Ω
B21-39—B21-11	CURISE_IN 巡航信号	OFF 档	2150~2190Ω
B21-40—车身	WATER_T_IN 冷却液温度信号	ON 档	0~5V 模拟信号
B21-41—车身	DC_GAIN1 加速踏板深度信号 1	ON 档	0~5V 模拟信号
B21-42—车身	GND 制动深度屏蔽地	OFF 档	<1Ω
B21-43—车身	+5V 制动深度电源 2	ON 档	4.5~5.5V
B21-44—车身	EXCOUT 励磁+	OFF 档	7~10Ω
B21-45—B21-30	SIN+ 正弦+	OFF 档	15~19Ω
B21-46—B21-31	COS+ 余弦+	OFF 档	15~19Ω
B21-47—车身	GND 旋变屏蔽地	OFF 档	<1Ω

(续)

连接端子	引脚名称/功能	条件	正常值
B21-48—车身	/IN_FEET_BRAKE 制动信号	预留	预留
B21-49—车身	/BAT_OFF_OUT 辅助蓄电池切断继电器	预留	预留
B21-50	/FAN_L_OUT 风扇低速输出（空）	预留	预留
B21-51—车身	GND(CAN)CAN 屏蔽地	OFF 档	<1Ω
B21-52—车身	/IN_EMACHINE 电机温度过高	—	—
B21-53—车身	STATOR_T_IN 电机绕组温度	ON 档	0~5V 模拟信号
B21-54—车身	PRESSURE_IN 水压检测信号	预留	预留
B21-55—车身	GND 加速踏板深度屏蔽地	OFF 档	<1Ω
B21-56—车身	DC_GAIN2 加速踏板深度信号 2	ON 档	0~5V 模拟信号
B21-57—车身	DC_BRAKE1 制动深度 1	ON 档	0~5V 模拟信号
B21-58—车身	DC_BRAKE2 制动深度 2	ON 档	0~5V 模拟信号
B21-59—车身	GND(VCC) 外部电源地	OFF 档	<1Ω
B21-60—B21-61	VCC 外部 12V 电源	ON 档	10~14V
B21-61—车身	GND(VCC) 外部电源地	OFF 档	<1Ω
B21-62—B21-61	VCC 外部 12V 电源	ON 档	10~14V

十、电机控制器与 DC/DC 变换器总成的拆装

1. 拆卸

拆卸维修前做好准备工作。将点火开关旋转到 OFF 档，拔掉紧急维修开关，等待 5min 以上，断开辅助蓄电池，拆掉配电盒。

1) 拆掉电机三相线插接件的 4 个螺栓。
2) 拔掉高压母线插接件。
3) 拆掉附在箱体的配电盒上端螺栓。
4) 拆掉底座 4 个紧固螺栓。
5) 将控制器往左移，拔掉 62pin 低压插接件，拆掉搭铁螺栓，拔掉 DC/DC 变换器低压输出线，拔掉 4 个低压线束卡扣。
6) 将控制器往右移，拆掉进水管，拆掉出水管（注：拆掉进水管时将流出的冷却液用容器接住）。

2. 安装

1) 将控制器放进安装位置。
2) 将控制器往右边移动，安装进水管和出水管。
3) 安装 4 个底座螺栓（先对准左上方螺栓，将螺栓放进去，拧进 1/3，再对准右下方螺栓，将螺栓拧进 1/3，之后放进其他螺栓，将所有螺栓拧紧，拧紧力矩为 22N·m）。
4) 卡上 DC12V 输出线卡扣，插上 DC12V 插接件；卡上 ACM 线束卡扣；安装搭铁螺栓（拧紧力矩为 22N·m）；插上 62PIN 插接件。
5) 安装贴在箱体侧面的配电盒螺栓。

6) 插上高压母线插接件。

7) 安装电机三相线插接件（先装最靠近车头下方螺栓，拧进 1/3；再装其对角螺栓，拧进 1/3；之后安装其他螺栓；将所有螺栓拧紧，拧紧力矩为 9N·m）。

课题八　漏电传感器的检修

一、漏电传感器的作用

当高压系统漏电时，漏电传感器会发出一个信号给蓄电池管理控制器，蓄电池管理控制器接收到漏电信号后会根据漏电情况马上报警或立即断开高压系统，防止高压漏电对人或物品造成伤害和损失。

二、组件位置

漏电传感器位于车身后围部分的搁物板前加强横梁上，如图 4-80 所示。

三、漏电传感器的工作原理

通常检测与动力蓄电池输出相连接的负极母线与车身底盘之间的绝缘电阻，来判断动力蓄电池的漏电程度。绝缘阻值小于或等于 100~120kΩ 时，表明一般漏电；当绝缘阻值小于或等于 20kΩ 时，表明严重漏电。当动力蓄电池漏电时，传感器发出一个信号给蓄电池管理控制器，蓄电池管理控制器接到漏电信号后，进行相关保护操作并报警，防止动力蓄电池的高压电外泄，造成人或物品的伤害和损失。漏电传感器的工作原理如图 4-81 所示。

图 4-80　漏电传感器的安装位置

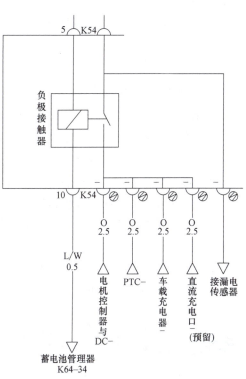

图 4-81　漏电传感器的工作原理

四、漏电传感器的线束连接

漏电传感器的线束连接如图 4-82 所示。

五、漏电传感器的诊断流程

1）把车开进维修间。

2）检查辅助蓄电池电压及整车低压线束供电是否正常。标准电压值：11～14V。如果电压值低于 11V，在进行下一步之前应进行充电或更换辅助蓄电池或检查整车低压线束。

3）对接好插接件，整车 ON 档上电，进入蓄电池管理控制器故障码诊断。

4）读取到漏电传感器失效故障或与漏电传感器通信故障。

拔下漏电传感器低压插接件。用万用表测量 K56-04 和 K56-05 引脚对地电压是否为 ±9～±16V。如果正常，则说明蓄电池管理控制器供电正常，漏电传感器有故障，更换漏电传感器。如果不正常，测试蓄电池管理控制器 K64-19 和 K64-10 引脚对地电压是否为 ±9～±16V，如果电压正常，则说明是线束故障，更换线束；如果电压不正常，则要更换蓄电池管理控制器。

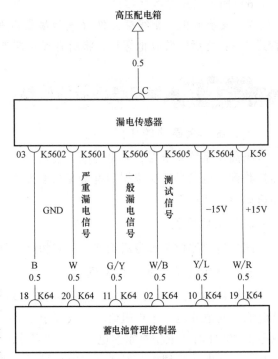

图 4-82 漏电传感器的线束连接

5）确认测试。

六、漏电传感器的更换

若确认漏电传感器有问题，导致车辆不能运行，按以下步骤更换：

1）将车辆断电至 OFF 档，拆下后排座椅，断开维修开关，等待 5min。

2）拔掉与整车线束对接的低压线束。

3）带上绝缘手套，拔掉漏电传感器与高压配电箱连接的插接件。

4）用 8 号套筒拆卸漏电传感器的两个固定螺栓。

5）更换漏电传感器，插上低压插接件，戴绝缘手套插上与配电箱连接的插接件，插上维修开关手柄，并确认。

6）断开维修开关，用 8 号套筒拧紧漏电传感器的两个固定螺栓。

7）插上维修开关手柄，安装好座椅，结束。

课题九 高压配电箱的检修

一、高压配电箱的作用

高压配电箱（High Voltage Distribution Assy，HVDA），将动力蓄电池的高压直流电分配给整车高压电器使用，其上游是动力蓄电池，下游包括电机控制器及 DC/DC 变换器总成、PTC 水加热器、电动压缩机和漏电传感器。

二、高压配电箱的位置

高压配电箱位于行李舱动力蓄电池支架右上方，如图 4-83 所示。

三、系统框图

高压配电箱系统图如图 4-84 所示。

四、高压配电箱的结构

外部有高压端子、低压线束、漏电传感器检测线、空调熔断器和车载充电熔断器等，如图 4-85 所示。高压配电箱外部高压端子如图 4-86 所示。高压配电箱内部结构如图 4-87 所示。

五、高压配电箱低压控制插接件

高压配电箱低压控制插接件如图 4-88 所示。

图 4-83　高压配电箱的位置

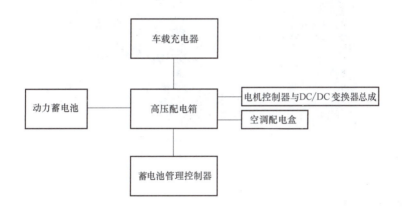

图 4-84　高压配电箱系统图

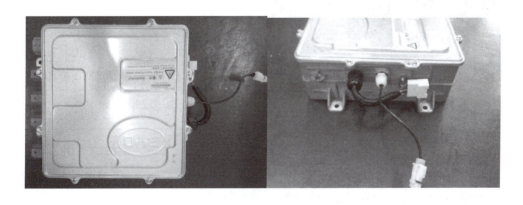

图 4-85　高压配电箱的外部

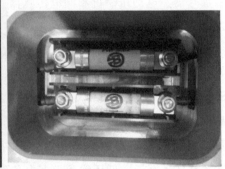

图 4-85 高压配电箱的外部（续）

图 4-86 高压配电箱外部高压端子

1—接电机控制器与 DC/DC 变换器总成正极　2—接电机控制器与 DC/DC 变换器总成负极　3—动力蓄电池输入（负极）　4—接动力蓄电池输入（正极）　5—车载充电器输入　6—输出至空调配电盒

图 4-87 高压配电箱内部结构

1—负极接触器　2—霍尔电流传感器　3—正极接触器　4—空调接触器　5—充电接触器　6—正极熔断器　7—预充电接触器

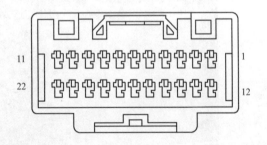

图 4-88 高压配电箱低压控制插接件

高压配电箱低压控制插接件引脚定义见表 4-29。

表 4-29 高压配电箱低压控制插接件引脚定义

引脚编号	定义	对接模块引脚	对地正常值/V
1	预充接触器电源	双路电	约 12
2	高压互锁检测输出	维修开关 K66-01 脚	—
3	正极接触器电源	双路电	约 12
4	交流充电接触器电源	双路电	约 12
5	负极接触器电源	双路电	约 12
6	高压互锁检测输入	蓄电池管理控制器 K64-01 脚	
7	空调接触器电源	AC-ECU G85-2	约 12
8	—	—	—
9	电流霍尔传感器信号	蓄电池管理控制器 K64-26 脚	<1
10	负极接触器控制	蓄电池管理控制器 K64-34 脚	<1
11	—	—	—
12	—	—	—
13	预充接触器控制	蓄电池管理控制器 K64-17 脚	<1
14	正极接触器控制	蓄电池管理控制器 K64-09 脚	<1
15	—	—	—
16	—	—	—
17	空调接触器控制	接地	0
18	—	—	—
19	电流霍尔传感器+15V	蓄电池管理控制器 K64-27 脚	约+15
20	交流充电接触器控制	蓄电池管理控制器 K64-33 脚	<1
21	电流霍尔传感器-15V	蓄电池管理控制器 K64-29 脚	约-15
22	—	—	—

六、高压配电箱电路原理图

高压配电箱电路原理图如图 4-89 所示。

七、高压控制器诊断流程

1) 把车开进维修间。

2) 检查辅助蓄电池电压。标准电压值：11～14V。如果电压值低于 11V，在进行下一步之前应进行充电或更换辅助蓄电池。

3) 故障码及所对应的故障见表 4-30。

配电箱本身无故障码，但是接触器及霍尔传感器可以通过蓄电池管理控制器的故障码来判断。如果故障现象不在 DTC 中，则进行第 4) 步；如果故障现象在故障症状表或 DTC 表中，则进行第 5) 步。

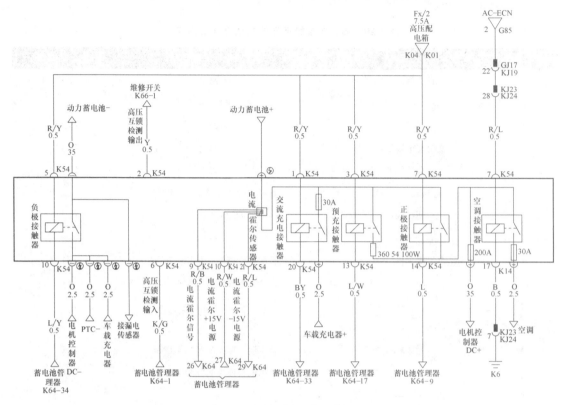

图 4-89 高压配电箱电路原理图

表 4-30 高压配电箱故障码

编号	故障码	故障描述
62	P1A3D00	负极接触器回检故障
63	P1A3E00	正极接触器回检故障
64	P1A3F00	预充接触器回检故障
65	P1A4000	充电接触器回检故障
66	P1A4100	主接触器烧结故障
67	P1A4200	负极接触器烧结故障
68	P1A4300	蓄电池管理控制器+15V 供电过高故障
69	P1A4400	蓄电池管理控制器+15V 供电过低故障
70	P1A4500	蓄电池管理控制器-15V 供电过高故障
71	P1A4600	蓄电池管理控制器-15V 供电过低故障
75	P1A4A00	高压互锁一直检测为高信号故障
76	P1A4B00	高压互锁一直检测为低信号故障
78	P1A4D00	电流霍尔传感器故障

4）全面分析与诊断。

5）调整，维修或更换。

6）确认测试。

八、全面诊断流程

若确认高压配电箱有问题,导致车辆不能运行,进行以下步骤:

(1) 车上检查　检查维修开关是否松动或未安装。如果维修开关不正常,则重新安装或更换维修开关。

(2) 检查配电箱空调保险(图 4-90)　将车辆电源置于 OFF 档,拆开配电箱侧边小盖,测量上方空调熔断器(30A)是否导通。如果不导通,则更换空调熔断器。

(3) 检查接触器电源脚　将车辆电源至于 OFF 档,连接好辅助蓄电池;用万用表测量低压接插件引脚对地电压。

K54-1—车身、K54-3—车身、K54-4—车身、K54-5—车身电压约为 12V,如果不正常,则检查低压线束供电。

(4) 检查负极接触器控制脚　将车辆电源至于 OFF 档,连接好辅助蓄电池;用万用表测量低压接插件引脚对地电压。

K54-10—车身应小于 1V,如果不正常,则检查蓄电池管理控制器或线束。

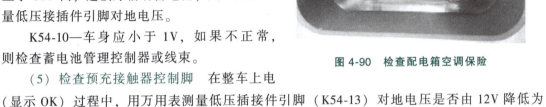

图 4-90　检查配电箱空调保险

(5) 检查预充接触器控制脚　在整车上电(显示 OK)过程中,用万用表测量低压插接件引脚(K54-13)对地电压是否由 12V 降低为 1V 以下再恢复到 12V。如果不是,则检查蓄电池管理控制器或线束。

(6) 检查正极接触器控制脚　整车上电于 ON/OK 档;用万用表测量低压接插件引脚对地电压。K54-14—车身应小于 1V,如果不是,则检查蓄电池管理控制器或线束。

(7) 检查空调接触器电源脚　整车上电于 ON/OK 档;用万用表测量低压接插件引脚对地电压。K54-7—车身电压约为 12V。如果不正常,则检查线束或空调控制模块。

(8) 检查高压互锁信号　整车置于 OFF 档;用万用表测量低压接插件引脚 K54-2—K54-6 间的电阻,K54-2—K54-6 电阻应小于 1Ω。如果不正常,则检查插接件连接和配电箱是否完好。

(9) 检查电流霍尔传感器电源　整车上电(显示 OK);用万用表测量低压插接件引脚对地电压。K54-19—车身电压约为 +15V,K54-21—车身电压约为 -15V。如果不正常,则检查蓄电池管理控制器或线束。

九、高压配电箱的拆卸与安装

1. 拆卸维修前准备工作

1) 将整车置于 OFF 档。
2) 断开辅助蓄电池负极电缆。
3) 拆卸座椅,拔掉维修开关。
4) 拆卸行李舱右后内饰板。

2. 拆卸

1) 断开外部所有插接件,包括动力蓄电池正、负极插接件,直流母线正、负极插接件,PTC插接件、车载插接件、漏电传感器插接件和低压插接件。

2)将高压配电箱搭铁线的紧固件螺栓松开,并将固定高压配电箱4个六角法兰面承面带齿螺栓拧下。

3)向车后方平移高压配电箱,轻轻取下。

3. 装配

1)将高压配电箱安装在电池支架上,调整到位后用4个螺栓将其固定,紧固力矩为24N·m。

2)将搭铁线用螺栓固定,拧紧,紧固力矩为24N·m。

3)将配电箱与漏电传感器的插接件对接到位,固定在上方车身腰形孔。

4)将高压插接件对接好,先在乘员舱将直流母线负对准插入,听到"咔嗒"声时为连接到位,同时将二次锁死机构向里推入,完成插接件的连接。将直流母线负、直流母线正,再去车后方将电池负、电池正、车载、PTC依次对接好(插接件必须先对接好再插二次锁止机构)。

5)将低压插接件对接并固定好。

参 考 文 献

[1] 陈社会. 混合动力汽车构造与维修［M］. 2版. 北京：机械工业出版社，2017.
[2] 张金柱. 新能源汽车技术［M］. 北京：机械工业出版社，2014.
[3] 崔胜民. 新能源汽车概论［M］. 3版. 北京：北京大学出版社，2020.
[4] 杨效军，朱小菊. 电动汽车结构与原理（配实训工单）［M］. 北京：机械工业出版社，2018.